Heidi Trautmann/Thomas Trautmann

# 50 Unterrichtsspiele für Kommunikation und Kooperation

**Für die Grundschule!**

Auer Verlag GmbH

Gedruckt auf umweltbewusst gefertigtem, chlorfrei gebleichtem und alterungsbeständigem Papier.

1. Auflage. 2003
Nach der Neuregelung der deutschen Rechtschreibung
© by Auer Verlag GmbH, Donauwörth
Alle Rechte vorbehalten
Illustrationen: Anja Güthoff
Satz: Fotosatz H. Buck, Kumhausen
Druck und Bindung: Ludwig Auer GmbH, Donauwörth
ISBN 3-403-04012-7

# Inhaltsverzeichnis

# Einleitung

Vor Ihnen liegt nun ein neues Buch mit vielen Anregungen und Ideen zum Thema *Spielen*. Nach dem großen Erfolg von *Mit Sprache spielen* haben uns viele Kolleginnen gedrängt, weitere Unterrichtsangebote zu unterbreiten.

Das Konzept ist unverändert – neben einer kurzen Darstellung der theoretischen Grundlagen des *Miteinander-Spielens* im Unterricht haben wir eine Reihe von Ideen zusammengestellt, die – mit einem didaktischen Kommentar unterlegt – als Unterrichtsangebot dienen können. Lehrerinnen variieren daraufhin die Themen selbständig – bezüglich ihrer jeweilige Klassen oder der Stoffgebiete. Ebenso lassen sich die Schwierigkeiten erhöhen bzw. vermindern.

Uns war es wichtig, in diesem Band jenen Spielaktivitäten im Unterricht einen Schwerpunkt zu geben, die besonders für die soziale Erziehung eine tragende Rolle spielen können. Darüber hinaus wird der Kommunikation mit Sprache, Gestik, Mimik und dem ganzen Körper ein großer Raum gegeben. Der Deutschunterricht bzw. der Lernbereich Sprache *lebt* von Inszenierungen, Assoziations- und Improvisationsübungen. Auch in anderen Fächern können die Spiele hervorragend eingesetzt werden.

Wir haben uns, entgegen der oft gebrauchten Praxis (u. a. des Freizeitbereiches), nach Bewegungs-, Kennenlern-, Aktions-, Regel-, Strategie- und Planspielen zu sortieren, entschieden, die Spiele alphabetisch anzuordnen. Warum? Lehrerinnen* haben oft angemerkt, dass diese typisierenden Sortimente eher verwirren, als zum Einsatz ermutigen. Daher liegt diesem Buch wieder die bewährte *ABC*-Form zugrunde. Sie ermutigt sowohl die, welche nach ihrer Klasse, einem Unterrichtsthema oder der Situation auswählen und jene, welche die Möglichkeiten von A bis Z durchspielen wollen.

Eines noch vorab: Der Band wird per se das Naturell einer Lehrerin nicht verändern. Wer mit seinen Klassen nicht spielen mag, kann oder möchte, wird es wahrscheinlich nach der Lektüre ebenfalls nicht tun. Ein erstes Nachdenken über die Argumentation kann unter Umständen zunächst Verständnis für (mit)spielende Kolleginnen erzeugen und eine weitere Beschäftigung mit der Materie erbringen. Und dann ist der Weg zum Ausprobieren einer eigenen kleinen Spielsequenz aus diesem Buch nicht mehr weit …

Dank den vielen Kolleginnen und Kollegen, welche die Angebote mit uns prüften und viele wertvolle Hinweise gaben. Dorothee Schwarze sind wir wie stets für die Durchsicht des Manuskriptes sehr verbunden.

*Hamburg, im Sommer 2003*                    *Heidi und Thomas Trautmann*

---

* Ein Großteil der Angestellten in Schulen sind weiblich. Dies würdigend verwenden wir die weibliche Form. Spielende werden in loser Folge maskulin bzw. feminin angesprochen.

# Theoretische Grundlagen

*Spiele haben hohe Symbolkraft,*
*sie simulieren Wirklichkeiten und trainieren den Geist,*
*die Fantasie und die Gestaltungskraft.*
*Spiele sind spannend und entspannen.*

## Vorüberlegungen

Spiel wird nicht selten als *Urphänomen des Lebens* betrachtet. Insofern sind bestimmte Merkmale des Spiels über historische Zeiträume hinweg zu verfolgen. Es mangelt nicht an Untersuchungen, die sich mit der Analyse von Spieltheorien und ihren konvergierenden und divergierenden Momenten auseinandersetzen (vgl. Daublebsky 1988; Flitner 1986; Zacharias 1985, Kluge 1980). Das Spiel wurde immer aufs Neue unter verschiedenen Aspekten untersucht, blieb jedoch immer jenes „Phänomen", welches noch einer vollständigen, geschlossenen Theorie harrt.

Das vorliegende Buch impliziert eine besondere Form der Tätigkeit. Es grenzt das Alleinspiel und einen Teil des freien Spiels aus und rekurriert (und kommt zurück auf) das Miteinander, Füreinander und Gegeneinander als soziale Komponenten. Und genau hier sehen wir den Wert des Buches und der darin enthaltenen Angebote. Immer dort, wo Menschen miteinander spielerisch agieren, kommt es zu einem gesellschaftlich verhandelten Verhältnis der Beteiligten – über Anfang und Ende, die Regeln, das Verhalten, die Traditionen und notwendige Rahmengepflogenheiten. Das Gros der Teilnehmer am gemeinsamen Spiel bekleiden an Vormittagen eine andere Rolle – die der Schülerinnen und Schüler in den Schulen.

Das Verhältnis von Spiel und Schule war stets ambivalent. Während die Idee *freien Spielens* im schulischen Umfeld sehr rasch aus den Überlegungen zur Unterrichtsgestaltung wich, blieb das gemeinsame angeleitete Spiel – aus welchen Gründen auch immer – zumindest unterschwellig ein Thema, welches sowohl die Wissenschaft, wie auch die Schulpraxis polarisierte. In der letzten Zeit entstanden eine ganze Reihe von Arbeiten, die eine vorsichtige Trendwende erkennen lassen – offensichtlich auch im Nachgang zur Renaissance des Spiels in Prozessen der Personal- und Systemberatung bzw. Wirtschaftsprozessen (Breitenstein 1984). Danach hat angeleitetes Spiel in bestimmten Unterrichtsabschnitten durchaus einen Eigenwert und Bildungsgeltung. Unübertroffen und unstrittig jedoch ist Spiel bezüglich seiner sozialintegrativen und gruppendynamischen Potenzen. Oft wird jedoch Schule lediglich auf ihre Funktion als Lernfeld reduziert.

# 1. In der Schule wird gelernt ...

Die Lehrerinnenschaft* ist uneins über den Wert des Spiels in der Schule. Während es in der Grundschule – vor allem in den ersten zwei Schuljahren – noch weitgehend akzeptiert, gepflegt und augenfällig oft in Förderprozessen genutzt wird, wandelt sich diese Sichtweise, je älter die Kinder werden. Besonders scharfer Widerstand kommt aus dem gymnasialen Bereich der Mittel- und Oberstufe. Dort – so die gängigsten Schlussfolgerungen – sei aufgrund der Stoffflut kein Platz zum Spielen, außerdem würde den Heranwachsenden im Leben ebenfalls nichts geschenkt, warum solle dann Schule ihnen ein Stück Spielraum geben? Wir versuchen an dieser Stelle, die Argumentation weiterzuführen. Welche Gründe sprechen gegen das unterrichtliche Spiel? Und wie sind sie zu widerlegen?

➤ *Was Schüler im Unterricht lernen sollen, wird meist in den Lehrplänen vorgeschrieben. Da ist kaum Platz für das Spiel.*
Bei Durchmusterung der Rahmenrichtlinien und Lehrpläne ist in den ersten vier bis sechs Schuljahren hin und wieder sehr wohl von Spiel und Spielen zu lesen, oft im Zusammenhang mit Erprobungs- und Probierhandlungen. Dies bedeutet, dass die Lernmodalitäten, *das Wie* des Geschehens frei wählbar ist und weitgehend durch die didaktische Professionalität der Lehrerinnen bestimmt wird.
Und genau hier ist der Kern des Argumentes. Um welchen Lehrplan bzw. um welche Lehrpläne geht es? Hilbert Meyer (1997; 165) spricht von dreien – dem hauseigenen, einem heimlichen und dem persönlichen. Allen ist gemein, dass sie gegenüber den zentralen Lehrplänen bzw. Rahmenrichtlinien unterschwelliger Natur sind. So macht die Summe der persönlichen Lehrpläne von Lehrerinnen und Schülern das Profil einer Schule aus. Heimliche Lehrpläne jedoch stigmatisieren nicht nur einzelne Schülerinnen(gruppen), sondern auch bestimmte Tätigkeitsvollzüge. Spiel ist aus den Profilbildungsdebatten fast völlig verschwunden. Damit aber ist in Schule A das Lernen im Spiel ein völlig normaler Vorgang, während es in Schule B, C, D und E die Tätigkeit Spiel formell gar nicht gibt, sehen wir einmal vom Feigenblatt *Darstellendes Spiel* ab. Von dort jedoch kommt oft beunruhigende Kunde. Die Aktivität ist hoch, die Lerneffekte ebenfalls – viele Schülerinnen und Schüler wirken „aufgekratzt", sie sind leistungsbereiter und alle besitzen einen Draht zur Lehrerin. Zufall oder Notwendigkeit?

➤ *Kritikerinnen assoziieren leicht pädagogische Idylle, Ringelreihen und Eiapopeia.*
Bei der Frage: *Was ist Spiel?* klären sich meist schnell die Fronten. Eltern, die sich vehement gegen das Spiel in der Schule aussprachen, gehen auf Gegenkurs, wenn mit ihnen beispielsweise *Lebende Mühle* oder *Augentheater* gespielt wurde. „*Das ist ganz was anderes, da lernen die ja was ...*" Mindestens fünf Gründe können aus diesem Diskurs abgeleitet werden.

1. Das Wesen des Spiels und sein didaktischer Wert ist vielen nicht geläufig, da es im täglichen Leben meist mit Kindertümelei gleichgesetzt wird. Spielen verwässert danach das Lernen, es wird oft mit Spielerei in Verbindung gebracht, welche droht, den „Ernst der Schule und des Lernens" aufzuheben.

2. Daher ist es notwendig, Inhalt und Form von Spielen altersgemäß so einzusetzen, dass Motivation, Inhalte und der kommunikative Rahmen zueinander passen.

3. Selbstverständlich machen Spiele den Heranwachsenden Freude. Dieses Spaßkriterium bestimmt jedoch nicht die Handlung. In dem vorliegenden Buch wird es, in den unterrichtspraktischen Angeboten als notwenig, vorausgesetzt. Allein jedoch ist es nie ausreichend.

4. Es ist Konsens, dass es in Schule nicht darum gehen kann, ausschließlich oder exzessiv zu spielen. Aber eine gelungene Spielaktion illustriert nachvollziehbar auch schwer verständliches Bildungsgut und substituiert damit mehrere Theorie- und Übungsstunden.

5. Das Verhalten und die Einstellung von Heranwachsenden sind für die Schule meist erst dann interessant, wenn sie den geordneten Ablauf von Unterricht zu stören scheinen. Spiel vollzieht sich aber sowohl auf der inhaltlichen, wie auch der gesellschaftlichen Ebene. Damit ergibt sich eine grundsätzliche Potenz für die soziale Erziehung (vgl. Spiel als soziales Lernfeld).

➢ *Spielen ist etwas für sehr kleine Kinder, es gehört in den Kindergarten, in das Elternhaus und „auf den Spielplatz". In höheren Klassen der Grundschule und in der Sekundarstufe geht fast nichts mehr durch Spielen – weil die Schüler es auch nicht wollen.*

Dieses Argument ist oft zusammen mit dem eben genannten zu hören. Es zielt scheinbar auf die wechselnden Bedürfnisse der Zielgruppe ab. Traditionell bekommen bereits Schulanfänger den Tipp, dass ab jetzt „die Zeit des Spielens vorbei wäre". Kaum ein Kind ist indes erstaunt, dass nach Schulbeginn auch im Unterricht mit Spiel umgegangen wird. Beim Schulwechsel nach 4 oder 6 Jahren scheint die Ausgangslage anders. Die Heranwachsenden sind dabei, sich von ihrer Kindheit zu verabschieden – groß zu werden. Dennoch – so ihre Selbstkundgaben – spielen sie noch gerne (Fuhs 1997; 19). Längst ist ihnen klar geworden, was Schule kann und will. Daher wird die Ankündigung eines Spiels meist abgelehnt, weil es sich um eine spielerische Einkleidung, wenig verdeckter Übungen – kurz die Fortsetzung des Unterrichts mit gleichen Mitteln handelt.

Lehrerinnen, die es verstehen, unterschiedlichste Spielangebote für den Unterricht aufzubereiten, sind auch am Ende der Grundschulzeit oder im Sekundarbereich erfolgreich. Denn sie nutzen Unterrichtsmethoden, die eine symbolische Vermittlung der Wirklichkeit der Welt in sich tragen (Meyer 1992; 83) unter dem Aspekt, mit und durch Spiel, Darstellung, Bewegung, bildnerisches Gestalten usw. den Schülerinnen und Schülern ein möglichst breites Spektrum an Symbolisierungsformen anzubieten. Und in diesem Zusammenhang ist es den Subjekten der (Spiel)handlungen völlig gleich, ob sie ein Spiel, eine Übung, eine Session, ein Experiment oder die Probe aufs Exempel vollziehen. Die Handlung bindet, während der (inhaltslose) Begriff Abneigungen auslösen kann. Dies geschieht insbesondere in der Zeit der Pubertät. Heranwachsende haben meist große Probleme zu *spielen*. Sie assoziieren zunächst die Tätigkeit mit dem Tun kleiner Kinder, die sie um alles in der Welt nicht (mehr) sein wollen. Dennoch spielen sie gern und oft, nun aber eher „getarnt" in Form einer Session oder eines Experimentes. Letztendlich haben erfreuliche Entwicklungen (Spiel des Jahres u. a.) ebenfalls Vorbehalte gegen (Gesellschafts)spiele ausgeräumt.

➤ *Kinder an die Macht!*
Argumentationen dieser Richtungen wollen glauben machen, dass die Selbstregulation von Kindern ein Problem ihrer Reife, ein Automatismus oder gar ihr inhärenter Bestandteil sei. Stellen wir uns das Szenario vor:
*Ein Staat, der nur von Heranwachsenden bewohnt und regiert würde, wäre ein sehr aggressiver. Schüler sind untereinander nicht nur freundlich, kameradschaftlich und aufgeschlossen, sie können nicht kooperieren, sich aufeinander einstellen, sich zuhören, höflich sein. Wenn man will, dass sie es (langsam und mit Rückschlägen) lernen, muss man Halt und Stützen bereitstellen.* Elternhaus, Kindergarten und insbesondere die Schule nehmen in dieser Hinsicht einen Hauptanteil solcher Erziehung auf sich.
Dies bedeutet, dass soziale Erziehung, aus ihrer meist unsystematischen Darreichungsform heraus, methodische Züge annehmen muss. Unsere Schwierigkeiten im Zusammenhang mit Sozialerziehung bestehen im Vorwegnehmen der Handlung durch das Wort (der Lehrerin), dem (zu) engen Bezug an einfache Lerntheorien unter Ausblendung der Komplexität von Handlungsmustern sowie dem Außer-Acht-Lassen ihrer Genese. Diese Probleme berühren selbstverständlich auch Genderaspekte (Genderaspekte sind Aspekte, die die Geschlechtsidentität der Menschen betreffen z.B. Selbstwahrnehmung, Rollenverhalten.). Bei Gruppenspielen werden Mädchen leicht nach der Regel verteilt: „Wir bekommen einen Jungen und ihr dafür zwei Mädchen" – die umgekehrte Variante gibt es selbstverständlich auch.

➤ *Spiele sind fast immer Konkurrenzspiele und gehören nicht in eine Schulumgebung, die ebenfalls selektiert.*
Äußerungen dieses Typs vermischen zwei völlig isolierte Argumentationsstränge. Mitnichten sind *alle* Spiele von Konkurrenz geprägt (siehe u. a. die folgenden unterrichtspraktischen Angebote). Vielmehr verfügen eine Reihe von Spielen über ein ausgewogenes Verhältnis von *Miteinander* und *Gegeneinander* im Zueinander. Das Spiel sorgt selbst – mittels des Regelgefüges, der Strategiefolge oder des Verlaufs – für die Äquilibrierung (das Gleichgewicht) von Wettbewerb und Kooperation. Und wenn sich diese Waage einmal verschiebt, können die Beteiligten aus dem Feld gehen, das heißt, das Spiel oder ihre Mitwirkung beenden. Meist kommt es daraufhin zu Neuverhandlungen, die in Gemeinsamkeit münden.

Schule selektiert vorsätzlich oder ungewollt. Selbst Grundschule, die sich als Schule für alle Kinder begreift, tut dies partiell. Was aber hat diese immanente Funktion der Institution mit dem Wettbewerb im Spiel zu tun? Noch dazu, wenn sich gerade dort eben nicht immer die Besten, Stärksten oder Schlauesten durchsetzen, sondern auch jene, die strategisch denken, sich gut absprechen oder Glück haben? Dabei erkennen Heranwachsende, dass Lebenstüchtigkeit eine durchaus vielschichtige Angelegenheit ist, deren Erwerb sich lohnt.

Bringen wir abschließend noch einen Wert ins Spiel, dem Schülerinnen und Schüler stets gern folgen: Spiel bringt alle Beteiligten in die Lage, spielerisch wechselnde Identitäten anzunehmen und wiederum preiszugeben. Wir kennen die Folgen von den Berichten in Lehrerzimmern und Pausenhöfen gleichermaßen. Kinder stellen sich im Spiel anders dar – aber auch Lehrerinnen tun dies. Und wenn der strenge Mathematiklehrer plötzlich seiner Vorliebe für Strategiespiele mit seinen Klassen teilt, erscheint er in einem anderen Licht. Eine der langfristigen Folgen für die gemeinsame Schularbeit ist die hohe Motivation auf beiden Seiten.

## 2. Hier wird nicht gespielt! – Oder doch?

Spiele sollen jedoch keine Zumutung für die Schule sein, sondern Schülern zunächst Spaß machen. Das heißt sowohl Ausrichtung auf zu erlernende Inhalte bei gleichzeitiger Anrührung sozialer Intentionen (Jungen-Mädchen, Freude, Bewegung, Anders-denken-müssen, Grenzen testen, neue Ausdrucksformen finden usw.). Die Verbindung beider Bereiche im Spiel wird auch in Zukunft – wenn wir es mit der Entwicklung von Innovation, Kreativität und Selbstvertrauen ernst meinen – ein Paradigma in der Pädagogik sein.

Was aber ist dafür in Schule und durch alle Beteiligten daran zu tun? Spielleitung von Lehrerinnen erfordert *erstens* ihre Fähigkeiten in animativer Didaktik. Horst Opaschowski skizziert Animation im Sinne von „beleben, ermuntern, in Stimmung bringen, begeistern, Impulse geben, Antrieb geben, motivieren, anregen, aktivieren, initiieren, ermutigen, befähigen" (Opaschowski 1977; 106). Eckart Bücken spricht von Kreativierung der Mitspieler (in Baer 1996; 190). Werden diese Attribute mit dem Anregungs- und Fördergedanken von Lernprozessen sinnhaft verbunden, kann das Spielen im Unterricht der Schule eine Aktivierungschance und Kommunikationsförderung zugleich sein.

*Zweitens* können Lehrerinnen durch Kenntnis und Neukombination von Spielregeln und -inhalten den eigenen Spannungsbogen und den der Schüler erweitern helfen. Eine solche Partizipation kann gegenseitiges Verständnis ebenso befördern, wie es die Solidarität aller Schulpartner anregt.

*Drittens* beginnt sich seit einiger Zeit ein Teil von Lehrerinnen wirklich und ernsthaft der Forderung Andreas Flitners anzuschließen, dass Heranwachsende beim Spiel in aller erster Linie „spielen" lernen und diese Prozesse durchaus auch im schulischen Umfeld beförderungswert sind. Nicht vergessen sei jedoch in die-

sem Zusammenhang, dass Schule das Spiel immer auch als (Be)lehrungsmittel einsetzen wird – für inhaltliche Aspekte, Vollzüge, Anwendungen oder sogar Neukombinationen. Der prinzipiellen und ausschließlichen *„Verzweckung und Nutzbarmachung"* (vgl. Flitner 1986) von Spielen soll widersprochen werden. Wenn das Lernen durch Spiel primär oder sekundär (wieder) möglich wird, verschieben sich die Verhältnisse zugunsten

- einer langsamen und langfristig angelegten Übungsfolge.
- der Vervollkommnung sensomotorischen, kommunikativen und gestalterischen Könnens, von Auffassungen und Geschicklichkeit.
- inhaltlicher Beherrschungsdimensionen von Spielen, deren Regelkonstrukten und strukturellen Transfers.
- von Ausdruckmöglichkeiten und spielerhaltender bzw. spielfördernder Imagination.
- der allmählichen Beherrschung sozialer Anforderungen *im* und *durch* Spiel.

Die Akzeptanz dessen jedoch fällt durchaus schwer. Resultate werden teils zwar bewusst erlebt, ein ununterbrochener Umgang jedoch ist in der Bereitschaftsbreite von Lehrerinnen ausbaufähig. Hinsichtlich der Erfassung kognitiver Aufgaben und Elemente werden Spielelemente außerordentlich häufig genutzt. Dass das Spielen das Lernen partiell unterstützt, wird selbst in den didaktischen Periodika immer wieder durch gute – weil gelungene Beispiele – skizziert. Der Mangel an Spielideen und Umsetzungsmethoden jedoch lässt den Unterricht schnell wieder in die bekannten methodischen Grundformen zurückfallen.

Auch die simple Handhabe unterschiedlichster kommerzieller Angebote machen Spiele meist nur zu spielerischer Einkleidung und damit zu einem fragwürdigen Artefakt, mit dem die „Spielvergessenheit der Schule" (Hielscher 1992) nicht auf- oder gar durchbrochen werden kann. Da pädagogische Grundeinstellungen sich nicht ad hoc, sondern sogar unter pädagogischer Beeinflussung (beispielsweise in der Veränderung des Schulsystems) nur relativ langsam ändern, kann eine Reihe der oben angedeuteten *konservativ-ablehnenden* Aussagen zu einem Teil begreiflich machen.

## 3. Spielen in der Schule

Es geht also nicht mehr grundsätzlich um die Frage ob gespielt wird. Lehrerinnen beschäftigt das Problem der Idee, von Umsetzung und Spielführung, sowie der Lernertrag.

In einer regional angelegten Untersuchung in Grundschulen haben wir geprüft, wann Lehrerinnen Spiele anbieten bzw. beenden. Dabei wird deutlich, dass sich Spielen offenkundig, in einer Art modularen Angebotes, entweder als fester Bestandteil oder als nie benutztes Mittel im pädagogischen Konzept der Lehrerin findet. Dies würde auch den hohen Verzichtsanteil von Gymnasiallehrerinnen gegenüber dem Unterrichtsspiel erklären – die meisten sind von ihrem Wert nicht

überzeugt, ihr didaktisches Weltbild lässt Spiel nicht zu, sie kennen keine geeigneten (Lern)spiele oder verfügen über mangelhafte Fähigkeiten der Spielführung. Spiele werden angeboten (Trautmann 1997 a)

- bei scheinbarer Überforderung der Kinder.
- als feste Programmpunkte im Schulalltag.
- nach absolvierten Lernphasen bzw. -programmen.
- nach dem Schaffen eines *Solls* an Lehrstoff.
- zur besonderen „Belohnung".
- zum Ausgleich von geistiger Arbeit.
- bei offensichtlichen oder maskierten Vorbereitungsmängeln.
- um Aufgabenstellungen spielerisch zu verpacken (Spielerische Einkleidung).
- als Strukturhilfe freier Zeiteinheiten (Zeitfüller).
- zur Erhaltung und/oder Verstärkung des kindlichen Arbeitswillens (Motivationskrücke).

Es ist erkennbar, dass *eine* Kategorie in dieser Aufzählung (die keine Rangfolge darstellt) fehlt. Spiel vernetzt bestimmte Lernstoffe intensiver. Dies geschieht durch eine Reihe bestimmter Modalitäten, die alle eines gemeinsam haben – eine gehirngerechte Aufnahme von Sinnesreizen und deren adäquate Verarbeitung. Korrespondierende Stichworte dieser komplizierten Vorgänge (hervorragend beschrieben durch Frederic Vester 1997) sind Produktion statt Rezeption, Nutzung vieler Eingangskorridore statt mono- bzw. oligosinnliche Aufnahme (Aufnahme mit einem oder wenigen Sinnen) und somit optimaler Zugang zur Amygdala, der Struktur im limbischen System des Gehirns, welche das emotionale Verhalten steuert – und höchst wahrscheinlich auch die Verbindung zwischen Erregung und Gedächtnis herstellt (vgl. Comer 1995; 780). Die Erfahrung durch den bewussten Einsatz von Körperlichkeit in den Spielsequenzen empfehlen wir Grundschullehrerinnen, aber gerade auch Mittel- und Oberstufenlehrerinnen, da sie dabei, neben den oben genannten, weitere wichtige Erfahrung sammeln können – das Wiederfinden einer kombinierten Nutzung der Sinnesorgane, das Zurückgreifen auf bestehende Erfahrungsmuster u.v.m. Das vorliegende Buch mit den Unterrichtsanregungen soll sich *dabei* als hilfreich erweisen. Dabei sind die didaktischen Kommentare so angelegt, dass ein direkter Bezug auf den schulisch- unterrichtlichen Einsatz möglich ist. In welchen Zusammenhang die Lehrerin das Spiel stellt, ist im Endeffekt sekundär. So kann ein Angebot *als Ausgleich zur bewältigten Lernarbeit* gelten, von einzelnen Schülern jedoch direkt für den Transfer des *eben Behandelten* in Anwendungsbereiche genutzt werden. Deshalb sollte auch in Zukunft der Definition von Spielen, hinsichtlich ihrer Förderqualitäten, Aufmerksamkeit geschenkt werden.

Aber auch die Beendung von Spielaktivitäten folgt bestimmten Regeln: Sie werden im allgemeinen beendet durch

- Abbruch.
- Ausklingen lassen.
- Vertrauensgesten.

- Hinweise auf stoffliche Vorhaben.
- Hinweise auf zeitliche Rahmen.
- Überschreitung des Spannungsbogens (von Lehrerinnen und/oder Schülern).
- Veränderungen der Tätigkeitsstrukturen.

Hinzu kommt eine häufige, jedoch in solchen Zusammenhängen nie gekennzeichnete Form des Spielabbruchs. Sie hat indirekt etwas mit dem Problem der Spannung und Überspannung zu tun, geht jedoch darüber hinaus. Wir bezeichnen die Form als *Aus dem Feld gehen*. Sie ist dort aufzufinden, wo das soziale Miteinander aufgegeben wird, vielleicht auch nur kurz. Es wird auf Kosten eines oder mehrerer Spieler gespielt. Martin Luther nannte dies, jemanden *in den ars (zu) spielen.*

Die Resultate scheinen unbedeutend – die Gruppe hat auf Kosten einer Einzelnen gelacht und fühlt sich gut. Jene Einzelspielerin wird nie mehr in diese Rolle zu gelangen suchen. Alle anderen aber denken hintergründig daran, selbst in diese Position zu kommen und werden alle Schritte in diese Richtung zu vermeiden versuchen. Dieses interfraktionelle Misstrauen zerstört aber das Spiel von innen her. Lehrerinnen sind sich dieser Gefahr oft nicht bewusst. Daher ist in den unterrichtspraktischen Angeboten kein einziges Spiel zu finden, bei der es zu solchen Konstellationen kommen kann. Unabhängig dessen müssen sich alle Beteiligten – Lehrerinnen und Heranwachsende – über die kommunikativen Rahmenbedingungen klar sein. Jeder sollte versuchen so zu agieren, dass sich niemand veranlasst sieht, aus dem Feld zu gehen.

## 4. Theatralisierung von Lernprozessen

Es gibt *Stern(unterrichts)stunden* in der schulischen Praxis, die Heranwachsenden und Lehrerinnen gleichermaßen Auftrieb geben. Nach dem Erlebnis können alle wieder eine Reihe *normaler Stunden* mit hohem Rezeptionsanteil zulassen. Diese Unterrichtsstunden bzw. -bestandteile bedürfen einer Vorarbeit der Lehrerin, sie werden im Vollzug jedoch weitestgehend durch die Schüler aktiv gestaltet. Dies geschieht unter Einsatz des gesamten Körpers. Schule und Schülerinnen stärker *in Bewegung* zu bringen und damit neue Lernzugänge *aus Körpersicht* zu ermöglichen, ist eine Kennzeichnung des Ansatzes.

In der Körpersprache erfolgt eigentlich stets die Umkodierung von Gedanken in Materie. (Beim Betreten des Zimmern einer schwierigen Klasse wird dies z. B. als Muskelanspannung *sichtbar*). Schauspieler nutzen solche Mittel sehr bewusst und wenden sie entsprechend ihrer Rolle an. Unterricht soll eine andere Ebene nutzen. Aber in die Sprache des Körpers stärker zurückfinden und sie als gewollte Erweiterung der Kommunikation dienen lassen, ist ihr Bestreben.

Gedankliche Prozesse können mittels des Körpers sichtbar gemacht werden. Die Sprache als *Träger des Gedankens* besitzt eine ungeheure Geschwindigkeit – Theatralisierung entwickelt dafür eine slow motion. Gebärdensprache baut Bil-

der und Vollzüge mit den Händen. Theatralisierungselemente nutzen Kopf, Hände, Körper und Mimik, um den Weg der Gedanken und/oder das Ergebnis von Denkprozessen sichtbar zu machen. So werden Begriffe be-*greif*-bar. Die Einheit von Gedanken und Körper(lichkeit) vollzieht sich sichtbar. In Bewegungen verändern sich unsere *Stand*punkte. Spielende sind aktiv und ihre Flexibilität entwickelt neue *Sicht*weisen. Gleichzeitig beeinflusst alles was der Körper tut, unsere Gedanken und Empfindungen.

Es lassen sich auf diese Weise abstrakte Gedanken in der Sprache und Ausdrucksmöglichkeiten unseres Körpers durch*schaubar* machen. Diese andere Erkenntnis kann sich auf Bildungsinhalte, Lernstoff und logische Ableitungen beziehen. Begriffe erhalten neue Assoziationsfelder. Je mehr bekannte Assoziationen aber durch die neue Information entstehen, desto größer ist die Chance eigene (Denk)Aktivität zu entfalten.

Mit vielerlei Dingen – Begriffen, Personen, Materialien, Medien etc. – wird gearbeitet. Ihre Wechselbeziehungen werden durch Bewegung(en) transparent. Inhalte erschließen sich mittels bildhaften, motorischen und logischen Denkens und Handels. Dadurch verankern sich Sachverhalte stärker im Gehirn. Das Gehirn aktiviert neben dem Großhirn das Kleinhirn sowie das limbische System. Frederic Vester (1997) fordert von Lehrenden, die kindlichen Eingangskanäle zu erweitern, den haptischen (anfassen, körperliche Bewegungen vollziehen), gefühlsmäßigen, visuellen und auditiven Sinn stärker zu nutzen, um Verdrahtungen im Gehirn und damit Assoziationsfelder zu verstärken.

Im Spiel selbst stellen sich die Akteure (dar, vor, an), sie fragen, schlagen in Büchern nach, korrigieren sich, kommunizieren, gehen von einem Ort zum anderen, repetieren und prägen sich vieles ein – sie lassen Denken zu. Eine derartige Lernatmosphäre schafft positive Gefühle – nehmen wir einmal die in ihrer Ruhe gestörten Kolleginnen aus.

Theatralisierung – die Einführung von Körperlichkeit in abstrakt-logische Lernvollzüge – ereignet sich jedoch nicht von selbst. Daher haben wir versucht, in dem vorliegenden Angebot nach Möglichkeit immer auf die Stellen zu verweisen, wo dieser direkte Bezug zum inhaltlichen Lernen von *Stoff* her gegeben scheint. Selbstverständlich lassen sich nicht alle Bezugspunkte und -größen, Fächer und Lehrplaninhalte aufzeigen. Wir glauben aber, dass Lehrenden als Fachfrauen und -männer die Intention der Spielidee auf ihre Profession, den Schwerpunkt und die Lernziele herunter transformieren können.

## 5. Spielen als soziale Interaktion

Auf den sozialen Gehalt der Tätigkeit *Spielen* ist immer wieder hingewiesen worden. Auch in den Kommentaren unserer unterrichtspraktischen Angebote ist dies der Fall. Sie weisen Qualitätsmerkmale auf, die allgemein mit den Begriffen Abstraktionsfähigkeit, sprachlicher Desambiguierung (Beseitigung von strukturellen Mehrdeutigkeiten durch den außersprachlichen und sprachlichen Kontext),

mehrkanaliger Kommunikation, problemlösenden und strategischen Denken gefasst werden und (zumindest) in den Vorworten vieler Lehrpläne verankert sind. Spiel kann diesen Forderungen eher entsprechen, als ausschließlich künstlich geschaffene, rezeptiv zu bewältigende didaktische Sequenzen. Selbstverständlich wird Spiel jedoch nie die Ursachen (z. B. aggressiven Verhaltens) beseitigen können. Zwischen diesen Polen vollzieht sich das Spielen mit Menschen.

Soziales Lernen geschieht ständig und lässt sich nicht auf bestimmte Unterrichtsstunden reduzieren. Ein kommunikativ anspruchsvolles Unterrichtsverständnis und entsprechende Sozialformen haben günstige Wirkungen. Auch bestimmte Fächer sind dazu angetan, Probleme sozialen Miteinanders in besonderen Maße zum Gegenstand zu machen. Generell scheint soziales Lernen dann in hohem Maße erfolgsorientiert, wenn

- möglichst viele Lernwege berücksichtigt werden.
- Maßgaben sozialen Handelns strukturell transferiert werden.
- soziale Lernelemente ungezwungen angeboten werden.

Spiel vermag es, diese drei Kriterien Kindern in vernünftigem Maße zu präsentieren. Bereits die Unterschiedlichkeit der Spielkategorien lässt dies erahnen (z. B. Bewegungs-, Geschicklichkeits-, Gestaltungs-, Symbol-, Denk-, Lern-, Wahrnehmungs- oder Selbsterfahrungsspiel). Besondere Aufmerksamkeit kommt den kooperativen Spielen zu, bei denen der Wettkampfgedanke zugunsten gemeinsamer Erfolgserlebnisse verschoben ist.

Maßgaben sozialen Handelns sind gleichsam jene Wertevorlagen, die sich in Wortmustern wie, *Du sollst nicht ... oder Es ist ratsam ...* manifestieren. Als Worthülse allein sind diesbezügliche Erkenntnisse für Heranwachsende wenig attraktiv. Wenn sie jedoch an vielen Schultagen, in zahlreichen Unterrichtsstunden und bei der Mehrheit ihrer Lehrerinnen und Mitschüler Gelegenheit haben, die Richtigkeit solcher Wertemuster für ihr eigenes Leben zu erfahren, werden sie diese in ihr Selbstkonzept übernehmen. Geschieht dies in den unterschiedlichsten Formen, beim Lernen, im Spiel, der formellen Kommunikation und dem Gespräch zwischendurch, werden diese Maßgaben – variiert, aber in der gegebenen Form – immer neu übertragen (struktureller Transfer). Hans Hielscher (1987) hat den Begriff *Lernset* entwickelt, um mit den Lehrerinnen und Kindern gemeinsam an ihrer Sozialkompetenz üben zu können. Das muss nicht immer im Gespräch erfolgen. Erfahrungen mit gelungenen Spielen – in und außerhalb des Unterrichtes – lassen Lehrerinnen immer wieder auf diese zurückkommen, zumal dort eine ganze Reihe weiterer soziale Lernelemente, wie Frustrationstoleranz (Man muss auch mal verlieren können, Zähne zusammenbeißen usw.), Rollendistanz (Primus? Mitläufer? Anstifter? Wer bin ich in Mathe, in Deutsch, auf dem Schulhof, im Sport?) oder ein abgrenzbares Selbstbild (Wie sehe ich mich? Wie sehen mich die anderen?) immer neu geprobt werden können.

Spiel ist jedoch nicht die allzwecktaugliche Wunderwaffe zur Bewältigung gesellschaftlicher Verwerfungen (Ablehnungen) an sich. Deshalb ist es notwendig, trotz der Argumentation spielerischer Sozialerziehung darauf hinzuweisen, dass es in

diesen Prozessen *oft zu* Retardationen (Verzögerungen, Verlangsamung eines Ablaufes) kommen kann. Kein Lernprozess verläuft linear. Gerade in den zwischenmenschlichen Beziehungen kommt es vor, dass mühsam und langwierig erarbeitete Grundnormen aufgekündigt, durchbrochen oder auch mit Vorsatz verletzt werden. Es geht im Folgenden darum, die Kommunikation nicht abbrechen zu lassen – einschließlich erzieherischer Maßnahmen. Keinesfalls soll das Netz der unterschiedlichsten Bedingungsgefüge zerrissen werden.

## 6. Die Rolle der Kinder

Wenn unterrichtliche Didaktik *ins Spiel* kommt, so ist es meist um ihr Merkmal der intrinsischen Motivation geschehen. Im größten Teil der hier vorgestellten Spiele ist dies der Fall. Denn es geht in diesem Buch nicht um ein Plädoyer für die Rückkehr des freien Spiels in die Schule. Vielmehr soll das gemeinsame, angeleitete bzw. impulsorientierte Spiel im Unterricht angeboten werden. Wir tun dies auch in Kenntnis der Warnung von Jürgen Fritz, wonach der Nützlichkeitsgedanke beim Spiel zu einer Legitimierungspraxis geführt hat und Spiele mit einem differenzierten Lernzielkatalog versehen wird (Fritz 1986; 11). Die hier angebotenen Spiele für den Unterricht bedürfen keiner Legitimation – sie sollen per se die Spielenden überzeugen. Lehrerinnen können sich am didaktischen Kommentar orientieren.

Aber welche Rolle(n) nehmen Kinder beim Spiel im Unterricht ein? Zunächst, glauben wir, müssen sie erfahren, dass das angekündigte Spiel eben keine Fortsetzung des Lernens, sondern ein Erkenntnisvollzug mit anderen Mitteln ist.

Spiel wird außerdem, folgen wir Brian Sutton-Smith pädagogisch *verkoppelt* schnell zu einem Belehrungsmittel – darauf wird in der Literatur mehrfach warnend hingewiesen (vgl. u.a. Renner et al 1997). Auch darauf reagieren Heranwachsende eindeutig. Sie lehnen es ab.

Auch Inhalte selbst interessieren Schülerinnen oder stoßen sie ab. Mitunter wird *über die Lehrerin* auch das Fach bzw. die Schulzeit schön. Dennoch können interessante Inhalte – didaktisch lebensfern oder gar nicht aufbereitet – den Aktivitätszirkel der Schülerschaft bedrohlich gegen Null sinken lassen. Deren Rolle wird sich schlagartig ändern, wenn sie aus der rezeptiven Haltung von (Zu)sehenden, (Zu)hörenden und (Mit)schreibenden heraus gefordert werden und produktiv handelnd lernen (u.a. durch begriffliches Ordnen, Ausschließen, Ableiten von Kausalbeziehungen …). Diese Umkopplung tradierter Rollenmuster gehört zu den großen Leistungen, die dem Spiel in der Schule eigen werden kann.

Bereits Kleinkinder wollen mit dem Gelernten auch etwas anfangen können – es für ihren eigenen Lebensbereich nutzen, mit Gelerntem spielen und sich an ihrem Vermögen messen lassen. Allerdings müssten alle, die an Erziehung beteiligt sind, die Frage des Lebensbezuges öfter stellen – spätestens dann, wenn Kinder in der Schule zu fragen beginnen: „Wozu brauche ich denn das?" *Anwendung*sfelder – wie sie neben Spiel, in Projekten, anderen Unterrichtsfächern oder

der Lebenswelt etc. darstellen – zeigen den Schülerinnen und Schülern letztendlich den Wert des Gelernten. Dies wiederum hat aber katalysierende Konsequenzen auf den Wirkungsherd.

Es muss grundsätzlich davon ausgegangen werden, dass Kinder und Jugendliche lernen wollen. Allerdings begehen wir oft den Denkfehler, dass sie es auch *in der Art und Weise* wollen, die Lehrerinnen als erfolgversprechend lokalisieren. Jeder Mensch aber verfügt über ein höchst spezifisches System veränderlicher Strukturen. Deren Aufbau und Änderung sind ebenfalls individuell und finden idiosynkratisch – durch Abneigung und anschließende Blockierung – statt. Dafür sind sowohl Spielräume erforderlich, die eine Suche nach kreativen, originellen, vielleicht auch lediglich subjektiven Lösungen erlauben (Mielke 2001). Einerseits müssen Kinder also zweifellos das unterrichtliche Lernen lernen. Andererseits haben sie bereits eindeutig funktionierende Lern- und Behaltensmuster. Das Komplizierte ist wohl, jene Lernmuster produktiv für den Erwerb weiteren Lernstoffs zu nutzen.

Im Spiel können die Schülerinnen und Schüler jene Muster proben – allein und im Verbund mit anderen. Sie erleben Dinge unmittelbar und außerhalb des künstlich modellierten Rahmen *der* Unterrichtsstunde. Hier finden sie den bemerkenswerte Entfaltungsraum, der Chancen eröffnet, sowohl zu erfahren wie auch zu festigen, Ideen aufzunehmen und Gedanken abzugeben.

## 7. Die Rolle der Lehrerin

Lehrerinnen benötigen nicht eine Vielzahl unterschiedlicher Spiele, sondern einige Strukturen, aus denen Sie unterschiedliche fachbezogene oder überfachliche (z.B. soziale) Spielangebote ableiten können. Ältere Schülerinnen und Schüler spielen ebenso gern, wie junge, auch wenn sie dies nie offen zugeben würden.

Es wäre völlig illusorisch, würde man postulieren, dass Lehrerinnen unvermittelt ihre Rolle aufgeben, tritt das Spiel in den Unterricht. Selbstverständlich obliegt ihr weiterhin die Organisation, die Gestaltung und Verantwortung über den Gang der Dinge. Demnach ist es keine Frage der Quantität diese Rolle – Aufgabe oder Ausfüllung. Vielmehr findet ein qualitativer Wandel statt. Dieser umfasst sowohl das Einlassen auf die mit dem Spiel verbundenen kommunikativen Veränderungen, wie auch die Kenntnis über mögliche bzw. wahrscheinliche Vollzüge oder Problemlagen. Hier gibt es eine Reihe lesenswerter Veröffentlichungen, die sich dieser Thematik umfassend widmen (u.a. Ulrich Baer 1996).

In den Spielvorschlägen des unterrichtspraktischen Teils ist einmal von der Lehrerin, mitunter auch der *Spielleiterin* die Rede, wir verwenden die Begriffe synonym. Ob die Lehrerin jedoch *von draußen* das Spiel beobachtet und einen Schüler als Leiter einsetzt, oder sie als Spielleiterin selbst mitspielt, hat unterschiedliche Effekte. Denn sie ist Initiatorin, Moderatorin, Außenstehende, Beobachterin, Schiedsrichterin und vieles mehr. Sie kann sich letztlich auch in den Mitspielerkreis begeben und eine Schülerin als Leiterin einsetzen. Für sie gibt es im Spiel-

prozess eigentlich nur eine einzige Regel: Lange Diskussionen *vor* der Erfahrung des Spielens sind für das Spiel *tödlich*.

Warum spielen Lehrerinnen (mit)? Abschließend sei die Rolle von Lehrerinnen im Spielprozess durch sieben Gründe belegt.

### 1. Didaktische Gründe

Lehrerinnen, die sich einer didaktischen Vielfalt verpflichtet sehen und deren Instrumentarium breit gefächert ist, sehen Spiel als ein nutzbringendes Element unter vielen Methoden. In dieser Aufgeschlossenheit ist zu unterstreichen, dass jene Lehrerinnen bemüht sind, diese Lehr-Lerneinheiten auf die unterschiedlichen Bedürfnisse der konkreten Klasse zuzuschneiden. Das bedeutet in der Praxis: Angebote unterschiedlicher Spielphasen und -möglichkeiten als bewusste Strukturmerkmale des Unterrichts helfen, unterschiedliche Auffassungs-, Lern- und Bewegungsbedürfnisse zu befriedigen. Darüber hinaus können Lehrerinnen ihr eigenes Selbstverständnis als Spielleiterin, Mitspielerin usw. stets neu bestimmen.

### 2. Soziale Gründe

Spiele im Unterricht haben das Ziel, Heranwachsende miteinander kommunizieren zu lassen. Dabei soll das Zusammen(spiel) die divergenten Momente überwiegen. Spiel benötigt Umgangsformen, die Akzeptanz und den Respekt anderer, aber auch Durchsetzungsfähigkeit in manchen Phasen. Wenn jedoch Durchsetzungsmechanismen rücksichtslos angewandt werden, zerstört sich das Spiel selbst. Insofern wirkt die innere Regulation durch alle Beteiligten ohne äußere (pädagogische) Einflussnahme – ein Lernfeld, welches in der Schulpädagogik noch weitaus stärker belichtet werden sollte.

### 3. Materielle Gründe

Viele Kolleginnen beklagen die schlechten materiellen Bedingungen für das Spielen in der Schule. Andere benötigen kaum materiale Voraussetzungen und agieren mit ihren Schülern auf weitgehend immateriellen Ebenen. Es ist zu fragen, ob bei ersteren die scheinbar fehlenden Geräte, Hilfsmittel oder Medien nicht dafür herhalten müssen, mangelndes Eigenvermögen zu kaschieren. Eher anders scheint es um die Bereitstellung von Spielideen bestellt – sind doch in der jüngeren Vergangenheit eine ganze Reihe passabler Veröffentlichungen auszumachen, die natürlich auf die Klasse, das Fach bzw. Stoffgebiet hin spezifiziert werden müssen. Letztlich sei auf die unerschöpfliche Ideenvielfalt souveräner Lehrerinnen hingewiesen, die pragmatisch die sich ergebenden Verhältnisse nutzen bzw. in ihrem Sinne zu verändern wissen (Nutzung von Fluren, Einrichtung von Spielräumen etc.).

## 4. Aktivierungsgründe

Kindern, Jugendliche und Erwachsene wollen sich – einmal angeregt – völlig in Spiele einbringen, statt nur davon tangiert, i.S.v. *bespielt* zu werden. Viele Spiele jedoch sind mit Ganzkörperaktionen verbunden. Sie fordern die Aktivität des gesamten Organismus und schaffen einen hohen Grad an physischer, psychischer und emotionaler Befriedigung, als es weitgehend rezeptiv gestaltete Lernsequenzen vermögen. Eine hohe körperliche und kommunikative Aktivität ist auch bei neuen Spielen, Situationen, Gruppen und Ausgängen (emotionale Betroffenheit) zu erwarten. Auch das Klärungsbedürfnis nach der Aktion selbst muss akzeptiert werden.

## 5. Kommunikative Gründe

Die kommunikative Bandbreite bedeutet für Lehrerin und Schüler viele Deutungsmuster für Gespräche, Gestik, körpersprachliche und mimischen Signale. Die mehrkanalige Ausdrucksmöglichkeit erbringt neue Erfahrungsbereiche, die reflektiert werden müssen. Gespräche über vorangegangene Spielinteraktionen (Metakommunikation) sind unverzichtbar für die Klärung mehrdimensionaler, das heißt „undurchsichtiger" sozialer Situationen. Das kann bedeuten, nach einem motivational gedachten Spiel eine ad hoc-Klärung zu organisieren. Der scheinbare Zeitverlust für anstehende Unterrichtsaufgaben jedoch sollte gelassen betrachtet werden. Aussprachen, Klärung und Ermutigung machen Lehrerinnen die künftige Beziehungsarbeit leichter und haben eine motivierende Wirkung. Schließlich ist die Klärung von Beziehungen für die tägliche Arbeit ebenso unverzichtbar, wie ermutigend.

## 6. Inhaltliche Gründe

Im Spiel dominieren inhaltliche Faktoren das Ergebnis. Sind angebotene Spielinhalte nicht substantiell ergiebig oder gar abgegriffen, bleibt Spiel ebenfalls *stecken* oder kommt gar nicht zustande. Hier beginnt ein fataler Kreislauf. Werden Lehrerinnen z. B. ermuntert zu spielen (etwa in Fortbildungen), wählen aber die Inhalte ungenügend aus, wird die Aktion für keine beteiligte Seite ertragreich. Die Ahnung, dass das Spiel schief läuft, wird dann zur bestätigten Gewissheit. Diese Lehrerin wird mit hoher Wahrscheinlichkeit so rasch nicht mehr spielen. Heranwachsende merken sehr rasch, ob Spiele – oder das, was sie als Spiel angeboten bekommen – lediglich umgeformte Lernaufträge sind. Dies ist per se nicht zu kritisieren. Denn bereits der Eintrag einer spielerischen Komponente (z. B. Ergebnisvariation, Strategiewechsel, Vorgehensvarianz …) vermag es, einseitig rezeptive Tätigkeiten zu unterbrechen oder sie produktiv handelnd zu machen. Lehrerinnen bewegen sich in diesen Prozessen meist auf einem schmalen Grat – wo die Grenzen sind, ist immer situativ auszuloten.

*7. Scheinrealitäre Gründe*

Der Übertritt spielender Kinder in Quasirealitäten ist allgemein bekannt. Dies geschieht durchaus auch in der Schule – allerdings wird dies im Unterricht (als Unaufmerksamkeit, Kinderei, Träumerei oder Vorsätzlichkeit) kritisiert. Selbstverständlich sind Schüler in der Schule zunächst lernende Kinder und Jugendliche. Wenn sie jedoch – durch den Einsatz des Spiels – sich und andere in unterschiedlichen Funktionen erleben, können sie mit dem Verhältnis von Realität und Scheinwelten umgehen, die reflektieren lernen. Die Umkopplung von Führungsfunktionen, lehrende Kinder, aktivierende Kommunikationsstrukturen und die menschliche Lust am Verwandeln wird durch das Spiel gewährleistet. Die Erfahrbarkeit grundsätzlicher sozialer Realitäten – *Ich und andere, Ich mit dir, Du gegen uns, Wir für sie, alle miteinander etc.* – können in *als ob* Spielsituationen absolviert werden. Deren wechselseitige Erleb- und Erfahrbarkeit wird – langsam und in elementaren Schritten auf die wirkliche Welt zurückwirken.

# Unterrichtspraktische Angebote

# Alle Vögel in das Nest

*ist eine Gruppenaktivität, bei der Spieler in unterschiedlichen Funktionen sozial handeln können. Das Spiel basiert auf Aktivität, Gruppenhandeln und Zusammenarbeit.*

## Didaktischer Kommentar:

Zunächst ist dieses Spiel ein Angebot, das eine müde Klasse zu größerer Aktivität führen kann. Drei, höchstens vier Runden helfen, die Kinder in Bewegung zu bringen.

Doch es wäre fatal, die Wirkungen dieses Spiels nur darauf zu reduzieren. Denn das Geschehen ist ein Element grundsätzlicher Sozialerziehung. Wie in den theoretischen Grundlagen bereits angesprochen, benötigen viele Heranwachsende wiederkehrende, aber in ihrer Erscheinungsform variable Hinweise für sozialkonformes Handeln (struktureller Transfer).

Allein das Regelwerk schafft Bindung, aber auch Freiheit. Um den Spielfortgang nicht zu gefährden, müssen sich die Vögel bewegen, d.h. nicht nur vor dem Nest „herumflattern". Aber das braucht die Lehrerin nicht zu beanstanden, dies tun die Spieler unter sich. Ein großes didaktisches Plus ist daher die *Selbstregulation* der Kinder. Bemerkenswert ist ebenfalls, dass die Spieler sehr genau beobachten müssen – wann ertönt das Kommando, welches Nest ist noch frei etc. Sie pendeln dabei ständig zwischen Aktivität und Ruhe, zwischen Spannung (außerhalb des Nestes) und Entspannung (im Nest). Letztlich ist zu erwarten, dass nach dem Begreifen der Spielstruktur die Eigendynamik des Spiels zunimmt. Die Lehrerin hat in diesem Spiel hervorragende Möglichkeiten der Beobachtung von Spielstrategien und -lösungen. Kinder, die gern aktiv sind, werden zunehmend die Rolle von Vögeln wählen, zurückhaltende eher die Nester darstellen.

## Vorschläge:

Die Kinder bilden Dreiergruppen. Jeweils zwei Mitspieler halten sich an den Händen und bilden ein Nest. Die dritte Spielerin steht als Vogel in dem Nest. Es müssen ein oder zwei Spieler übrig bleiben. Diese stehen außerhalb der Nester.

Einer von ihnen gibt das Kommando: „*Alle Vögel aus dem Nest!*". Daraufhin öffnen sich die Nester (Die Spieler heben ihre Arme.) und die Vögel können sich frei im Raum bewegen. Der Kommando-Vogel fordert nach einer gewissen Zeit: „*Alle Vögel in das Nest!*". Daraufhin müssen sich alle *Vögel* ein *Nest* suchen.

Die *Nester* sind selbstverständlich gutwillig und lassen immer *einen* Vogel hinein. Der Vogel, der übrig bleibt, darf das neue Kommando: *„Alle Vögel aus dem Nest!"* geben.

➢ Tipp: Vögel und Nester immer einmal austauschen.

## Variationen:

Spielen sie mit unterschiedlichen Schwierigkeitsstufen, zusätzlichen Aufgaben und variierenden Vorgehensweisen.

- Vor dem Einfliegen in die Nester müssen die Vögel eine bestimmte Aufgabe an der Tafel lösen.
- Jeder Vogel muss ein bestimmtes Nest suchen. Aufgabenkarten helfen bei der Suche.
- Bevor sie in das Nest gelassen werden, beantworten die Kinder eine Frage.

Eine weitere Variation ist der *Nestertausch*. Diese Spielmöglichkeit beruht auf *Vereinzelung* der Spielhandlung. Die Grundstellung ist gleich. Ein Spieler steht außerhalb der Nester. Durch Zeichen (Gesten, Mimik, Augenkontakt, körpersprachliche Signale) machen sich zwei (oder mehrere) Vögel aus, die Nester zu tauschen. Die Außenstehende versucht dabei, in eines der Nester zu gelangen. Gelingt der Platzwechsel nicht, bleibt der Letzte draußen.

➢ Tipp: Selbstverständlich versuchen Spieler, sich notfalls auch in das Nest hineinzudrängen. Vorschnelle Disziplinierung ist meistens nicht notwendig, da alle Spieler wissen: Kommt es zu keiner Einigung, zerfällt das Spiel. Auch dies ist ein Ertrag strukturellen Transfers.

# Als-ob-Situationen

*werden solche Denk-, Handlungs- und Spielvollzüge genannt, die sich mit der geistigen Vorwegnahme einer Situation (Antizipation) oder dem Nachspüren des weiteren Verlaufes eines Geschehens beschäftigen. Sie können spontan, aber auch regelgebunden eingesetzt werden.*

## Didaktischer Kommentar:

Die Technik der *als-ob-Situationen* beherrschen Kinder und manche Erwachsene per se. Alte Erziehungsratgeber formulieren, dass „die Folgen des eigenen Tuns bedacht" werden sollen und man sich „in andere hineinversetzen" solle, um deren Argumentation begreifen zu lernen (Empathie). Im harten Alltag von Schule,

der Zange zwischen Lehrplanforderung und Zeitmanagement, kommen diese Ausflüge in ein *Was- wäre- wenn …* oft zu kurz. Gerade sie aber sind oft nicht nur der Stoff, aus dem die Träume sind, sondern ganz konkreter Anteil eigenen Lebens.

Schule und Unterricht kann daher ohne viel Mühe die Möglichkeit schaffen, Pläne, Ideen oder Lösungswege zu erdenken und auszu*spinnen*. Schriftliche Formen, wie Geschichten ohne Ende, Entsteher- oder Sinnesgeschichten (Trautmann 2001; 67 ff.) sind ähnlich wichtig, wie Formen des personalen Spiels. Unterricht kann diese Möglichkeiten in Gesprächs- oder Beratungskonstellationen einbauen, sie aber auch *für sich* nutzen (etwa in Erarbeitungsphasen).

## Vorschläge:

### *Drei Wünsche:*

Zwei Spieler bekommen Rollenkarten oder werden von der Lehrerin vorab informiert. Sie begegnen sich und die eine Person stellt sich als Fee vor, die drei Wünsche zu vergeben hat. Nach dem Staunen des Partners frieren beide ein (bleiben bewegungslos in der Pose), während die Lehrerin oder eine Schülerin die Situation auf die Klasse überträgt. Der Rahmen der Diskussion (von „Quatsch, gibt es ja gar nicht …" über „Oh, ich würde …" bis hin zu pazifistischen Weltfriedenswünschen) ist emotions- und faktenreicher, als manch anderes Unterrichtsgespräch.

Variationen gibt es unzählige:

➢ „Ich habe keine drei Wünsche, kann dich aber sofort 20 Jahre älter machen …
➢ Ich kann dich auf eine Zeitreise ins Mittelalter (…) mitnehmen …
➢ Reichtum, Gesundheit, langes Leben, Schönheit – eines davon musst du wählen und es wird dir erfüllt …

Denken sie als Expertin für ihre Fächer an gegenwärtige brisante Diskussionen und fügen sie solche Entscheidungsstränge mit einer *Als-ob-Situation* zusammen. Auch eine (anschließende) Textproduktion ist denkbar.

### *Ich möchte … sein:*

Als Assoziationsübung zum Kennenlernen von Namen wird das Verfahren angewandt – „Ich bin Thomas und möchte ein Pilot sein." Die Nachbarin wiederholt diese Information von Thomas und setzt ihre eigene daneben – „Das ist Thomas … und ich bin Heidi und möchte eine Blume sein." Diese Form assoziiert Namen und Wunsch.

### *Zettelsituation:*

Zwei Schüler erhalten je einen Zettel und sind ab sofort die dort aufgeführten Personen. Sie können sich der Klasse zunächst selbst vorstellen und dann ihre Argumente austauschen. Dabei sollte versucht werden, Personen mit unterschied-

lichen Standpunkten auszuwählen (Richter und Angeklagter, Lehrerin und Schüler, Mutter und Tochter, Politiker etc.). Auch die Gruppe kann die Personen befragen.

➤ Tipp: Zettel vorher ausgeben, um Informationen sammeln zu können.
➤ Spielregeln genau festlegen (Nicht pöbeln, Rückkehr aus der Rolle ermöglichen, Zeitbegrenzung etc.).

Einfache Spielvorstufen sind Zettel, die ausgegeben werden und körpersprachlich umgesetzt werden können. Hier ist es ratsam, die Schülerinnen selbst sammeln zu lassen (Beispiel: Grüßen – freundlich, höflich, selbstbewusst, zurückhaltend, hochnäsig, gezwungen, kriecherisch …).

➤ Tipp: Übertreibungen in der Darstellung langsam einstellen. Die Meisterschaft der Darstellung liegt in den feinen Nuancen.

*Was geschieht hier?*

Zwei Spielerinnen werden Ereigniskarten überreicht. Nach dem Einlesen stellen beide diese Situation dar. Die Gruppe rät, was dargestellt wurde, möglichst genau. Für Klassen, die erst am Beginn ihrer Spielfähigkeit stehen, kann die Situation mehrfach gespielt – und somit unterschiedlich ausgedeutet – werden.

## Atom

*ist ein kooperatives Spiel zum Aggressionsabbau oder zur Konzentrierung der Teilnehmer. Es kann als schulfachbezogenes Spiel eingesetzt werden.*

### Didaktischer Kommentar:

Das Beispiel *Atom* zeigt die vielfältigen Einsatzmöglichkeiten des Spiels unter Berücksichtigung der Zielstellung. Ich habe das Spiel zum ersten Mal gesehen, als es von ca. 20 Kindern auf der Straße gespielt wurde. Jenen war der Spaß und die Bewegung wichtig, sicher keine, wie auch immer geartete, pädagogische Überlegung.

In der Grundschule und sogar in der Sekundarstufe kann das Spiel daher als Mittel dienen, überschüssigen Bewegungsdrang zu kanalisieren oder eine aggressive Grundstimmung durch die Spielregel (Körperkontakt, Zusammenschluss, Gruppierung) minimieren zu helfen.

Aber auch das schulfachbezogene Einsatzgebiet sollte Lehrerinnen beim Durchmustern des Buches neu bewusst werden. Einsatzmöglichkeiten im Sprachunterricht (Grund- und Bestimmungswörter finden sich zusammen), im Sachunterricht (Brennbarer Stoff und Luft koppeln sich) oder in Mathematik (Grundaufgabendarstellung) seien als Beispiele genannt.

## Vorschläge:

Jeder Spieler ist ein Atom und befindet sich frei im Raum. Alle Atome laufen umher. Die Spielleiterin sagt plötzlich: *„Atomverbund 5"* (wahlweise Molekül). Fünf Spielerinnen müssen sich nun zusammenfinden (umklammern, an den Händen halten etc.). Bei der Aufforderung *„Atomzerfall"* trennen sich die Spieler wieder. Übrig gebliebene Kinder übernehmen die Rolle der Spielleiterin, scheiden aus oder spielen weiter mit.

➢ Die Möglichkeit des Ausscheidens sollte nur selten genutzt werden (Stimmungsabfall).

## Variationen:

- Die Spielleiterin bestimmt die Schnelligkeit der Atome (z.B. = Grad – stehen bleiben, 10 Grad – langsame Bewegung, 100 Grad – Höchstgeschwindigkeit). Auch Hintergrundmusik steuert die Bewegungen.
- Vorgegeben werden kann auch die Form der Verbindung (Rücken an Rücken, hintereinander, hockend, Kreis, Beine berühren sich).
- Die Atome bekommen Kennkarten und dürfen sich nur mit ganz bestimmten Atomsorten verbinden (z.B. Blätter und Früchte finden zueinander, Mischfarben – gelb, blau und grün finden sich, Atome mit gemeinsamem Schwerpunkt finden sich z.B. Besteck, Fische, Primzahlen).
- Das Laminieren der Karten ist sehr empfehlenswert.

# Augentheater

*Als Augentheater wird eine im Standbild gezeigte Folge von Situationen benannt, die für bestimmte Lernbereiche genutzt bzw. für eine veränderte Sicht auf ein Problem dienen kann.*

## Didaktischer Kommentar:

Schließlich bleibt anzumerken, dass mit dem Körper dargestellte Prozesse und Konstrukte – auch und gerade mathematisch-abstrakter Art – besser in das kindliche Behaltensrepertoire eingefügt werden, als durch isolierte Sinnesreize, die zumeist nur über das Wort transportiert werden.

## Vorschläge:

Eine Gruppe von 3–5 Schülern überlegt sich ein Thema. Dazu werden vier Bilder gestellt. Diese Standbilder können die Titelfolge Normalität (1) – Störung (2) – Lösung (3) – Veränderte Normalität (4) aufweisen. Um eine effektvolle Darstellung zu gewährleisten, werden die Zuschauer gebeten, die Augen zu schließen. Nachdem das erste Bild (Normalität) gebaut wurde, ertönt ein Geräusch (Schnipsen, Glocke, Klatschen). Die Gruppe schaut auf das Bild, ein zweites Geräusch ist die Verabredung, die Augen erneut zu schließen. Das zweite Bild wird gebaut, ein Geräusch veranlasst die Gruppe zum Schauen.

➢ Tipp: Keine Bewegungen, Geräusche etc. in den Bildern gestatten. Der Interpretationsspielraum bleibt damit umfangreich.
➢ Tipp: Nach der Darstellung sollte eine Feedbackrunde oder ein Abgleich von Spielintention und sichtbarem Ergebnis erfolgen.

## Variationen:

• Es werden Themenbereiche vorgegeben, die unterrichtskompatibel sind und in vier Bildern körperlich dargestellt werden (Inhalt einer Lektüre oder Geschichte).
• Verschiedene Gruppen einigen sich auf eine Fortsetzung bereits gespielter Augentheaterstücke – mit unterschiedlichen Verläufen, die danach zur Diskussion stehen (Deutsch – Fortschreiben von Texten – Weiterdenken von Geschichten, aber auch geschichtliche Zusammenhänge – Was wäre, wenn …).
• Die Titelfolge kann dem Fach angepasst oder grundsätzlich erweitert werden (Ausgangslage – Konflikt – Scheinlösung – Höhepunkt – Katastrophe – Rettung in letzter Sekunde – Happy End)
• Augentheater lässt sich ebenfalls inmitten von Diskussionen einsetzen, gerade dann, wenn Haltungen sich verfestigen. Die Parteien stellen dann ihre Vor-

stellungen dar, gleichzeitig entspannt sich das meist aufgeheizte Klima merklich, da die unterschiedlichen Tätigkeitsvollzüge gegenseitige Akzeptanz bedingen.

# Autohupe

*ist ein Kontaktspiel, welches Nähe und Distanz zulässt und körperbetont ist.*

## Didaktischer Kommentar:

Das Spiel ist als Hülle aufzufassen, mit deren Hilfe eine ganze Reihe von Lernzielen und Erfahrungshorizonten erreicht werden kann. Zunächst soll das Spiel den Kindern das Gefühl vermitteln, dass Nähe wenig problematisch ist. Zweitens gestattet die Spielregel, sich sehr nahe am Körper des Partners oder der Partnerin zu bewegen. Dennoch sind wir nach über zehn Jahren Spielpraxis noch kein einziges Mal in die Verlegenheit gekommen, das Spiel wegen einer unsittlichen Berührung (etwa der Brust oder des Intimbereiches) abbrechen zu müssen.
Mitunter macht das Zulassen dieser Nähe manchem Heranwachsenden zu schaffen. Einerseits bindet die Spielregel. Andererseits gehört viel Beherrschung dazu, etwas eher Unangenehmes auszuhalten. Diese Erfahrung spielerisch zu erfahren, ist für manche/n eine interessante Einsicht. Anderen dagegen macht es große Freude anzufassen und angefasst zu werden. Letztlich steigert diese Partneraktivität das Vertrauen der Gruppe in jeden Einzelnen.
Selbstverständlich kann mit *Autohupe* auch inhaltlich gearbeitet werden (vgl. Variationen).

## Vorschläge:

Bei diesem Partnerspiel machen die Schüler zunächst aus, wer *Auto* und wer *Mechaniker* ist. Das Auto hat einen Defekt an einem Körperteil (ausdenken) und hupt daher (Geräusch) so lange, bis der Mechaniker diesen Körperteil berührt hat. Dann verstummt sie. Anschließend wird gewechselt.

➢ Tipp: Einmal durchspielen, um den Denkvorgang und einen Gewöhnungseffekt herzustellen.
➢ Bei einer zweiten Runde verfeinern sich die kaputten Körperteile (In der ersten Runde das Bein, im folgenden Durchgang der Fingernagel des linken kleinen Fingers usw.).

## Variationen:

- Das *Auto* sagt die kaputte Körperstelle selbst an – allerdings verschlüsselt oder in einer Fremdsprache.
- Auto und Mechaniker testen, wo angenehme und unangenehme Berührungen stattfinden (etwa durch Variation oder Anschwellen des Huptons).
- Der Mechaniker zeigt am Auto bestimmte sachunterrichtliche, biologische oder physikalische Gegebenheiten (Wo befinden sich Kugelgelenke? Welche Teile der Wirbelsäule gibt es? Wo ist ein Puls spürbar?). Das Auto hupt bei Fehlern.

# Bürgermeisterwahl

*ist ein Strategiespiel, bei dem es darauf ankommt, die eigene Gruppe zu stärken und durch geschicktes Taktieren alle Ratsstühle zu besetzen.*

## Didaktischer Kommentar:

Kompetenzen, wie vorausschauendes Denken, Vernetzung von Wissens- und Erfahrungspools oder gruppendienliches Verhalten stehen in jedem Rahmenplan, zumindest in den Vorworten. Schule hat jedoch größtenteils wenige Möglichkeiten, dies außerhalb einer künstlichen Lernumwelt zu praktizieren. Daher gibt es eine Reihe von Strategie- und Planspielen, bei denen in *Als-ob-Situationen* bestimmte komplexe Handlungen und/oder Verhaltensmuster gezeigt bzw. kombiniert werden müssen.

Lehrerinnen können sich über diese Grundformen der Strategiespiele Gedanken machen. Es sollte nicht schwer fallen, die Formen mit den fach- bzw- sachbezogenen Inhalten zu füllen.

Letztendlich kann dieses Strategiespiel diagnostisch eingesetzt werden. Während die Schülerinnen und Schüler „nur" ihren Spaß haben, beobachten Lehrerinnen vielfach Spielzüge und -verläufe, aber auch die Kinder, welche sich durch besonders augenscheinliches Kalkül auszeichnen (bzw. über kaum sichtbare Konzepte der Problembewältigung verfügen).

## Vorschläge:

Die Klasse sitzt im Kreis, ein Stuhl bleibt frei. Sie teilt sich in zwei Hälften und macht dies auch sichtbar (Anstecker, Aufkrempeln der Ärmel, Armbinden). Alle schreiben ihren Namen auf je einen Zettel, werfen diese zusammen und ziehen einen „neuen" Namen, welchen sie nicht verraten.

Jede Gruppe wählt aus ihrer Mitte zwei Mitspieler, die *Bürgermeister*. Sie setzen sich in die Mitte des Sitzkreises nebeneinander. Das Spiel verläuft nach den Regeln von „Mein rechter, rechter Platz ist leer …" Doch nicht der eigentlich Gerufene kommt herbei, sondern der bzw. diejenige, die den Namen auf ihrem Zettel fand.

Irgendwann werden auch die *Bürgermeister* gerufen. Es gilt nun, auf diese freien *Bürgermeisterplätze* jemanden aus der eigenen Gruppe zu lotsen. Sieger ist die Gruppe, die zuerst alle vier *Bürgermeisterplätze* besetzt.

## Variationen:

➤ Beobachten Sie die sich entwickelnden Strategien und Gegenstrategien.
➤ Wer spielt empirisch nach Versuch und Irrtum, wer hingegen verfolgt seine bzw. die Gruppenziele?
➤ In Verbindung mit komplexen sozialen Situationen ist dieses Spiel der Auftakt zur Diskussion (Was haben wir getan? In welchen Zwängen stecken wir?).

# Corinna & Co.

*Hierbei handelt es sich um ein Rollenspiel, welches eine mögliche Situation, die mit Entscheidungen verbunden ist, beschreibt. Solche Rollenvorgaben bringen – wenn sie lebensnah und somit nachvollziehbar sind – Heranwachsende vielfach zum Nachdenken über eigene Handlungsmöglichkeiten und -grenzen.*

## Didaktischer Kommentar:

Es gibt kaum einen Lehrplan, der nicht fordert, das Rollenspiel als Möglichkeit der Überprüfung von Situationen und Handlungsvollzügen zu nutzen. Dies gilt auch für die Grundschule. Lehrerinnen glauben aber gerade in Grundschulklassen, den Schülern die Rollen *auf den Leib* schreiben zu müssen. Dies jedoch erwarten die Schüler nicht. Sie wollen sich lediglich in dem Umfeld der Handlungen und Konflikte erkennen.

Das Spielen ist jedoch nur *eine* hilfreiche Tätigkeit, die Unterricht in der Schule leisten kann. An und für sich wird daher von Lehrerinnen stets nach dem erzieherischen Ertrag oder dem Bildungsgehalt geschaut. Dies ist verständlich, darf jedoch den Eigenwert des Spiels nicht überblenden.

*Corinna & Co* verbindet die beiden Punkte miteinander. Für die Schülerinnen ist es eine Möglichkeit der Darstellung, des (Mit)denkens und der Ableitung von

Handlungsmustern. Die Lehrerin kann Spiel- und Kommunikationsverläufe beobachten sowie ein Stück Sprach- und Ausdrucksverhalten studieren. Letztlich wird sie ihrem Erziehungsauftrag gerecht, wenn sie die unterschiedlichen Sichtweisen als empathische Erfahrung kennzeichnet und den Heranwachsenden durch dieses Spiel die Möglichkeit zum Perspektivenwechsel bietet.

## Vorschläge:

Die Spielleiterin vergibt die Rollen der ersten Situation. Nach einer kurzen Einlesezeit, vielleicht auch kollektiver Besprechung, wird diese Situation gespielt.

➢ Die Gruppe sollte zunächst keine Aufgabe erhalten, sondern beobachten.

➢ Tipp: Die Situationen können auch *im Doppelpack*, d.h. durch jeweils zwei Teams gespielt werden. Der Gruppe wird bereits hier die Vielfalt der Ausdrucksmöglichkeiten klar.

➢ Ob der Text der Gruppe bekannt ist oder erst hinterher dechiffriert wird, bleibt der Spielleiterin überlassen.

Die gespielte Situation kann nun besprochen werden. Manchmal besteht der Wunsch, sie verändert noch einmal zu spielen.

➢ Wichtig ist hier nicht die schnelle Abfolge aller Spielsituationen, sondern der Grad des Einlassens der Gruppe auf die Handlung.

---

**1. Situation:**

**Personen: Corinna Lehrerin Moderatorin**

Maria und Corinna sind auf dem Schulhof aneinandergeraten und haben sich handgreiflich auseinandergesetzt. Corinna ist in diese Prügelei eher hineingeraten, sie streitet sich sonst nie körperlich, findet Prügel (beispielsweise bei Jungen ihrer Klasse) primitiv.

Die Lehrerin, für recht strenge Ordnungsprinzipien bekannt, spricht Corinna auf ihre zerkratzte, blutige Nase an. Corinna ist wütend, will aber auch Maria nicht verraten.

Das Gespräch beginnt …

---

Ist die Situation hinreichend geklärt, wird der zweite Abschnitt in Angriff genommen. Dazu ist es strikt notwendig, die Rollen innerhalb des Spielteams zu tauschen (Corinna ist nun die Lehrerin, die Lehrerin die Mutter …).

➢ Da das Umfeld und die Spielhandlung geklärt ist, kann die Lehrerin überlegen, der Klasse korrespondierende Aufgaben zu erteilen.

**2. Situation:**

**Personen: Mutter  Moderatorin  Lehrerin**

Am nächsten Tag beschwert sich die Mutter von Corinna bei der Lehrerin und nennt dabei auch den Namen der Angreiferin, Maria. Sie ist ziemlich aufgebracht und ängstlich.

Die Lehrerin hat ein schlechtes Gewissen, da sie Pausenaufsicht hatte, aber im Flur geblieben ist.

Das Gespräch beginnt …

Die Gruppe kann hierzu ebenfalls Stellung nehmen. Zu beachten sind einzelne oder bereits kollektiv geäußerte Handlungsvorschriften oder/und Strategieänderungsvorschläge. Mitunter genügt ein Hinweis auf elterliche Handlungen in dieser Richtung, um die Schülerinnen auf diese menschliche Verhaltensweise aufmerksam zu machen.

Spielerisch dreht sich, wie zu erwarten, die Kommunikation in der dritten Situation wiederum. Es gelten allgemein die Regeln aus der 2. Konstellation – d. h. Tausch der Rollen unter den Spielerinnen, begleitende Aufgaben und das Gebot ausgiebiger Falldeutung.

**3. Situation:**

**Personen: Moderatorin  Maria  Lehrerin**

Etwas später trifft die Lehrerin Maria und stellt sie zur Rede. Maria weiß, dass die Lehrerin nicht immer aufmerksam Aufsicht führt. Sie weiß nicht, dass die Lehrerin mit Corinna gesprochen hat.

Das Gespräch beginnt …

**Variationen:**

- In der Handlung selbst kann *elaboriert* gehandelt werden. Das bedeutet, die Spielerinnen „gehen aus der Rolle" und gestalten eine Situation, die den Rahmen der Vorlage verlässt. Bei spielerprobten Gruppen ist diese Möglichkeit unbedingt anzuraten.
- Schülerinnen schreiben selbst eine Situationsfolge. Meist werden dort aktuelle oder verfestigte Ängste, Probleme bzw. Haltungen strukturell deutlich.

# Domino

*ist in diesem Fall sowohl ein Bewegungs- wie auch Strategiespiel. Bei der Umsetzung kommt es darauf an, mit der veränderten Sichtweise umzugehen und die entstehende Gruppendynamik zu nutzen.*

## Didaktischer Kommentar:

Nicht wenige Mathematiklehrerinnen der Grundschule und Mittelstufe bieten ihren Kindern Domino- oder Tangramspiele an. Sie sind vom Wert überzeugt, die diese Beschäftigung für das Denken, die Strategie und Bildhaftigkeit hat. Das Domino mit Menschen hat die selben Qualitäten, verknüpft diese jedoch zusätzlich mit der Veränderung der Perspektive. Alle Spielregeln können eingesetzt werden, zudem kommt man dem Bewegungsdrang der Kinder entgegen.

## Vorschläge:

Jeder Mitspieler bekommt ein A 4 Blatt, welches in der Mitte gefaltet (und wieder entfaltet) wird. Auf beide der entstehenden Rechtecke werden eine Anzahl Punkte gemalt. Die Gruppe wird nun geteilt. Im Zuge eines schnellen Spielverlaufs haben sich vier Mannschaften bewährt.
Die erste Mannschaft setzt einen Stein – die Schülerin stellt sich in die Mitte des Raumes und hält „ihren" Zettel vor sich. Wer aus der zweiten Mannschaft anlegen kann, tut dies. Anschließend ist die dritte, vierte Mannschaft dran usw. Sieger ist jene Gruppe, die zuerst alle ihre *Steine* verbaut hat.

## Variationen:

- Es müssen nicht nur die traditionellen Dominosteine (bis 6) sein. Versuchen sie es mit dem Zahlenraum über 10 – wenn es zu kompliziert wird, die Punkte zu malen, steigen sie auf Ziffern um.
- Zunächst gilt es, nur eindimensional – an beiden Enden – anzulegen. Ist die Klasse eingespielt, können auch andere Regeln eingeführt werden (Weichen, Ableitungen, Kreuzungen usw.).
- Schließlich kann man auch andere Systeme körperlich darstellen (z.B. die Zahlenreihen – eventuell die Parallelklasse hinzu bitten, aber auch komplexe Systeme, wie den Kreislauf des Wassers, das Verdauungssystem oder die Zusammenarbeit im Bienenstock.) Dazu empfiehlt es sich, statt der Dominokarten auf Wortkarten zurückzugreifen. Nach dem Austeilen stellen sich die Kinder nacheinander in das System hinein. Dabei wird der Klasse dessen Aufbau und die Multifunktionalität deutlich.

# Eine Lüge

*ist ein kommunikatives Spiel zur Ermittlung sachlicher Fehler und/oder zur Erhöhung von Konzentration und Aufmerksamkeit.*

## Didaktischer Kommentar:

„Du sollst nicht lügen" ist einer der überlieferten Imperative der Erziehung. Selbstverständlich sieht die Wahrheit anders aus – Politiker umgehen lügend Regeln, die Werbung lügt das Blaue vom Himmel und selbst Eltern flüchten in Ausreden … Schule ist in diesem Bezug ebenfalls keine Insel der Seligen. Daher kann das Spiel *Eine Lüge* auch bestehen. Es geht nämlich nicht darum, zu lügen, sondern um Möglichkeiten, Lügen zu entdecken. Diese entlarven sich zumindest partiell – sachlich, mimisch, körpersprachlich oder anders.

Daneben bietet sich *Eine Lüge* an, um Sachwissen zu ermitteln. Bestes Beispiel für das Grundkonzept ist das Quiz *Wer wird Millionär?*. Dort geht es um drei Lügen. Lehrerinnen, denen es nicht zu viel Arbeit macht, können in dieser oder einer anderen Form nicht nur partielle Lernfreude erhalten. Sie schaffen es sogar, dass sich über solche Allgemeinbildungskerne u. U. die Entdeckerlust gegenüber einem ganzen Interessenzweig öffnet.

## Vorschläge:

Zu einem vorgegebenen Thema, einer persönlichen Idee oder einem Lesestück erdenken sich die Schülerinnen drei Aussagen. Zwei davon müssen wahr sein, eine davon ist eine Lüge. Die Klasse oder ausgewählte Kinder raten bzw. ermitteln.

*Mögliche Beispiele:*

*Märchen*
- Goldmarie schüttelte fleißig die Betten.
- Pechmarie wurde über und über mit Schmutz übergossen.
- Die Brote im Backofen waren alle braun.

*Grammatik*
- Nomen werden großgeschrieben.
- Nomen haben Begleiter, die Artikel.
- Solche Artikel sind ich, du er, wir ihr und sie.

*Schwimmen und Sinken*
- Alles, was schwer ist, sinkt.
- Schiffe aus Stahl schwimmen.
- Stecknadeln gehen unter.

*Sprichwörter*
- Es ist noch kein Meister aus dem Bett gefallen.
- Spinnen am Abend, erquickend und labend.
- Morgenstund hat Gold im Mund.

*Persönliches*
- 
- 
- 

## Variationen:

Während bei der Bewältigung der Aufgabe am Beginn oft ausschließlich auf den Inhalt der Aussagen geachtet wird, kann die Gruppe bei einiger Übung die kommunikativen Begleiterscheinungen dieser Übung in Augenschein nehmen. Sie wird rasch feststellen, dass es *Lügenmeister* gibt und

- andere, die einfach *nicht lügen können*. Es ist ratsam, als Lehrerin auf diese individuellen Eigenarten einzugehen.
- Im Anschluss kann es zu einer Analyse von Texten und deren Übermittlern kommen. Lassen Sie die Klasse Informanten (Arzneimittelwerbung, Interviews, Soaps) und deren Botschaften untersuchen und Merkmale intakter und gestörter Kommunikation zusammenstellen (siehe hier auch Molcho 1983; 1988).

## Entzwirbeln

*ist mit vielen unterschiedlichen Namen bekannt geworden (Knotenmutter, Knäuel, Spagetti ...). Wir definieren es als Gruppenaktivität mit hohem Kontaktanteil und Herausforderung zu logischer Kombination (Rekonstruktion, Bildhaftigkeit, Voraussicht).*

## Didaktischer Kommentar:

Einige *Knotenspiele* sind im schulischen Bereich eher ernster Natur und werden von Lehrerinnen eher als handfeste Prügelei wahrgenommen. Neben diesen Formen ist Körperlichkeit abseits des privaten Raumes eher die Ausnahme. Lediglich in der Grundschule gehen Kinder (noch) unbefangen ihrem Bedürfnis nach Körperwahrnehmung nach.

Hier liegen die Potenzen von Schule und Unterricht, dem Trend nach *Entkörperung* entgegenzuwirken. Denn nicht nur Sportlehrer berichten immer wieder, dass die Heranwachsenden durchaus Körpererfahrungen machen wollen, wie und auf welchen Wegen auch immer.

Der Einschub zweier Runden des *Entzwirbelns* zwischen zwei durchweg sitzend konstruierten Arbeitsphasen lässt sowohl Entspannung aufkommen, wie sie auch (durch Regeln erlaubte) Nähe verlangt, Kooperation und Kommunikation zulässt und Bindung bzw. Trennung spielerisch simuliert. Auch wenn die Gruppe danach eine gewisse Zeit der Nachbesprechung benötigt („Die Kids müssen sich erst mal wieder einkriegen ...") – die Mühe lohnt langfristig auf jeden Fall. Spielfähigkeit bei Kindern und Jugendlichen aufzubauen und zu erhalten ist dabei ebenso ein strategisches Ziel wie die Akzeptanz von Anspannung und Entspannung in jedem Schulalter.

## Vorschläge:

Die Gruppe steht im Kreis und fasst sich an den Händen an. Die Gruppe dreht sich ineinander. Die Spieler dürfen sich dabei nicht loslassen. Man kann übereinander steigen oder sich eindrehen. Die Hände funktionieren als Drehgelenke. Nochmals: Nicht loslassen, sonst wird der Knoten unauflösbar.

➢ Beim ersten Durchgang darf die Entzwirblerin zuschauen. Später geht sie aus dem Raum oder macht die Augen zu.

## Variationen:

- Die Gruppe steht im Kreis. Alle schließen die Augen und halten die Arme nach vorn gestreckt. Auf ein Kommando gehen alle langsam zur Mitte des Kreises. Wenn sich Hände berühren, werden sie gefasst. Das so gebildete Conglomerat wird entzwirbelt.
➢ Hier erübrigt sich meist der Einsatz von Entzwirblern. Die Gruppe kann sich daher in Eigenverantwortung auflösen.
- Die Verzwirbelung bei geschlossenen Augen vollziehen (Schmuck und Brillen abnehmen, Schuhe ausziehen).
- Die Gruppe verzwirbelt sich und verharrt so etwa 20 Sekunden. Auf ein Kommando lassen alle die Hände der anderen los und gehen zum Ausgangspunkt (Kreis) zurück. Auf ein weitere Kommando hin versuchen alle, die verzwirbelte Form originalgetreu nachzubauen.
- Verändern sie die Inhalte, aber nicht die Struktur. Das spielerische Ordnungsprinzip kann für Aufgabentypen, Hauptstädte und die Farbenlehre gelten.
➢ Beispiel: Es kursieren in der Klasse die Bestandteile des menschlichen Skeletts. Diese müssen sich finden, gruppieren und ordnen (z. B. alle Armknochen, alle Teile des Kopfes).

# Faxen

*ist ein Kontaktspiel, bei welchem nonverbale Informationen übertragen werden.*

## Didaktischer Kommentar:

Das Spiel bündelt Aktivität und verlangt zugleich Körperkontakt. Lehrerinnen können sich damit für einen Zeitraum Ruhe verschaffen und gleichzeitig den Fortgang der langsamen (jedoch eindrücklichen) Übertragung von Informationen beobachten.

Für den Grundschulbereich sind die didaktischen Potenzen des Spiels offenkundig. Kinder erfahren Schrift am ganzen Körper, sie proben den Zusammenhang von Laut und Buchstaben und letztlich entwickeln sie eigene Strategien (Gedruckte Großbuchstaben sind besser erkennbar als verbundene Schrift.).

Ältere Schüler lernen bei dieser Aktivität den Fluss (und das Stocken) von Handlungen und/oder Informationsblöcken. Diese Rückbesinnung hat auch ganz praktische Konsequenzen. Längst wissen sie, dass ein einziger Fehler die komplexe Mathematikaufgabe zu keinem bzw. einem falschen Ergebnis bringen kann. Längst wird darüber jedoch nicht mehr geredet. *Faxen* bringt diese vielschichtigen Zusammenhänge verkürzt und optisch sichtbar auf den Punkt. Es sollte daher stets eine Möglichkeit zum Nachbesprechen geplant werden. Unter Umständen ist dies ein Beginn zu prinzipieller Auseinandersetzung mit Leistungsdruck und individuellen Lernmustern.

## Vorschläge:

Die Klasse wird in vier etwa gleich große Gruppen geteilt. Die Schüler setzen sich hintereinander. Jeder hat den Rücken der vor ihm sitzenden Schülerin vor sich. Die Lehrerin hat vier kleine Zettel vorbereitet, auf denen Wörter oder kurze Mitteilungen stehen. Die Letzte der Schlange erhält den Zettel kurz zum Lesen. Die Botschaft wird nun dem vor ihr sitzenden Spieler auf den Rücken geschrieben. Dieser wiederum schreibt den verstandenen Text der vor ihm sitzenden Schülerin auf den Rücken usw. Der erste Spieler der Stuhlschlange sagt die Lösung.

➢ Wir waren erstaunt, was selbst bei Abiturienten für Ergebnisse entstehen. Anschließende Gespräche zeigen den Zusammenhang auf, dass trotz profunder Kenntnis der Schriftsprache ein Unterschied zwischen Verstehen und Erwidern besteht.

➢ *Faxen* ist für Kinder, die sich im Prozess des Schriftspracherwerbs befinden, ein vortreffliches Mittel der Festigung.

➢ Mitunter bedarf es einer Neudefinition von *Rücken.*

## Variationen:

- Anstelle der Botschaften allen Gruppen ähnlich klingende Worte geben. Da die Gruppen einander sehen (und versuchen „mitzulesen"), können Transporteffekte dargestellt werden.
- Verlängern Sie die Faxschlange. Das Prinzip des Datenverlustes wird hier deutlich. Dies ist jedoch nur spielerfahrenen Klassen zuzumuten, da der Zeitraum geringer Aktivität groß ist.
- Verändern Sie die Rahmenbedingungen. Als Quiz gekennzeichnet, bekommt die Letzte eine Frage. Weiß sie diese, faxt sie die Antwort, weiß sie diese nicht, muss sie die Frage faxen…

# Fischfresser

*Fischfresser ist eine Gruppenanimation mit Regelcharakter, bei der es mittels gemeinsamer Aktivität darum geht, einer Gefahr (des Abschlagens) zu entgehen. Dabei können soziale Lernsets geprobt und Körperlichkeit ausgespielt werden.*

## Didaktischer Kommentar:

Bewegung, Gruppierung, Reaktion auf bestimmte Regelkoordinaten – all diese biosozialen Vollzüge sind Menschen eigen, werden aber durch Schule – nehmen wir einmal die ersten Jahre der Grundschule aus – zeitweilig verdrängt. Wir plädieren außerhalb der direkten Lehr-Lernpotenzen aber nicht nur für eine Rückkehr zur *bewegten, fitten* oder *sportlichen* Schule, sondern für einen prinzipiellen Wechsel von Bewegung und Ruhe. Außerdem – und dies soll am Beispiel des *Fischfressers* gezeigt werden – kann der Einsatz viele Elemente der sozialen Erziehung anstoßen. Da ein Hauptteil erfolgreichen sozialen Lernens eben *nicht über das Wort* erfolgt, sondern durch Handlung, Denkhandlung und Variation, begründet sich der Einsatz von Regelspielen mit einem hohen sozialen Anteil von selbst. Anders ausgedrückt – *das Sich (in den unterschiedlichsten Facetten der Persönlichkeit) Kennenlernen* findet spielerisch in anderer Dimension statt, als in Erarbeitungsphasen des Fachunterrichts. Vorurteile können durch ein gemeinsames Agieren im Spiel, in Projekten oder Interessengruppierung abgebaut, Aggressionen signifikant vermindert werden. Die Summe dieser Überlegungen und die langfristigen Ergebnisse spielerischer Unterrichtsphasen sollten uns veranlassen, derartige Situationen in die Planung aufzunehmen.

## Vorschläge:

Die gesamte Schülerschar stellt Fische dar, die sich auf die Kommandos *Hochsee* (Tafelseite) und *Tiefsee* (Wandseite) schwimmend durch den Raum begeben.

Nun tritt der Fischfresser auf den Plan. Er kann die Fische verspeisen, diese erhalten jedoch noch eine Chance der Rettung. Denn auf den Ruf: „Der Fischfresser kommt!" muss er ein Beiwort sagen, mit dessen Befolgung sich die Fische retten können, z. B.

- *Fischersfrau* – Mindestens ein Spieler setzt sich auf die Oberschenkel eines anderen Spielers.
- *Krebs* – Mindestens zwei Schüler stellen sich Rücken an Rücken, grätschen die Beine leicht und fassen sich durch die Beine an den Händen – interessant wird diese Form bei 5–8 Personen …
- *Fischbüchse* – Mindestens zwei Personen halten sich eng umklammert.
- *Fischernetz* – Mindestens zwei Spielerinnen haken sich unter.
- *Reuse* – Mindestens zwei Spieler stehen Rücken an Rücken und haken sich ein.

Erwischt der Fischfresser mehrere Fische oder jemanden, der sich nicht der Regel entsprechend gerettet hat, so schlägt er sie ab. Er wird zum Fisch und eine neue Fischfresserin geht ans Werk.

## Variationen:

- Sukzessives Austauschen der bekannten Rettungsregeln durch neue, u. U. selbst gemachte Regeln (*Angel* einer 4. Klasse: Mindestens zwei Schüler stehen Rücken an Rücken, heben die Arme in die Höhe und haben die Zeigefinger gegenseitig eingehängt).
- Mit jungen Spielern eine überschaubare Anzahl von Rettungsbegriffen durchspielen. Hier bietet sich auch an, bestimmte Begriffe – etwa aus dem Sachunterricht – körperlich nachzuspielen.

# Fliegen & Frosch

*ist ein Bewegungsspiel, bei dem das Verhältnis von Einzelmacht und Gruppenfähigkeit deutlich wird.*

## Didaktischer Kommentar:

Über die Notwendigkeit von Bewegung im unterrichtlichen Alltag wurde bereits mehrfach geschrieben. Das Spiel *Fliegen & Frosch* zeigt in mehrfacher Hinsicht eine ganze Reihe erzieherisch relevanter Prozesse. Zum einen besteht hier eine klassische Spielkonstellation. Ein mit aller Macht ausgestattetes Einzelwesen (Frosch) steht einer Gruppe gleicher, wenig mächtiger Individuen (Fliegen) gegenüber und darf sie fangen. Es besteht kein Zweifel darüber, dass dies so ist.

Aufmerksame Kolleginnen haben bereits jetzt die Parallelen zur Unterrichtssituation im Klassenzimmer erkannt. Lehrerinnen haben eine ganze Menge mehr (staatlich und gesellschaftlich zugeteilter) Macht, Verantwortung, Gestaltungsfreiheit etc. als die Klasse, die sich dieser (mehr oder minder) unterwirft.

Doch dies ist lediglich eine Seite des Problems. Denn die Fliegen haben nur eine Chance – wegzufliegen und dies so zu koordinieren, dass der mächtige Frosch ständig ins Leere hüpft. Bezogen auf die Situation im schulischen Unterricht bedeutet dies, dass eine Schülerfrage, die Interessenbekundung der Klasse gegenüber einem bestimmten stofflichen Inhalt oder die Verweigerung gegenüber einer (als ungerecht empfundenen) Aufforderung der Lehrerin eine Stunde und somit zeitlich begrenzt das Machverhältnis *„drehen"* kann. Sogar langfristige Wirkungen können abgeleitet werden – gegenseitiger Vertrauensverlust, Verstimmung, Nachtreten etc.

Letztlich ist dieses spielerische Verhältnis auch in den Elternhäusern zu finden. Man kann daher dieses (oder ein ähnlich gelagertes Spiel) für einen Elternabend *zum Thema* machen und daran die sensiblen Verhältnisse in der Erziehung zur Sprache bringen.

Auf völlig anders gelagerte didaktische Potenzen dieses Spiels sei nur stichpunktartig hingewiesen: Perspektivenwechsel (Ich werde, was ich fürchte …), wechselseitiges Strategiedenken (Stürze ich mich als Frosch auf alle oder …) und das Bewusstwerden eigener Handlungsmittel (Meine Kraft reicht nur für …).

## Vorschläge:

Ein Spielplatz wird begrenzt (Raum, abgestecktes Terrain). Eine Spielerin wird als Frosch bestimmt. Sie darf sich hüpfend bewegen. Alle anderen sind Fliegen und können sich frei innerhalb des Raumes fortbewegen z.B. mit ausgebreiteten Ar-

men (Flügeln). Der Frosch schlägt die gefangene Fliege ab. Diese wird augenblicklich zum Frosch. Hüpfend hilft sie Fliegen fangen. Die letzte Fliege wird zum neuen Frosch.

## Variationen:

- Das Spiel kann fachbezogen (Mathematik, Sachunterricht) angeboten werden.
- Ähnliche Spiele der Grundstruktur *Wer hat Angst vorm schwarzen Mann* als Muster für ein Unterrichtsthema spielen.

## Foto

*ist eine Partnerübung, die auf der Basis vertrauensvoller Zusammenarbeit neue Sichtweisen auf gegenständliche Objekte ermöglicht.*

## Didaktischer Kommentar:

*Allgemein beklagenswert sei die Unfähigkeit der heutigen Jugend, Dinge in ihrer wirklichen Form zu sehen ...* rügte bereits Seneca im römischen Senat. In der Tat ist in der heutigen mediendominierten Zeit der *schnelle Schwenk* und die oberflächliche Darstellung dominant.

*Foto* kann diesen Trend nicht stoppen, aber elementar zu einem *verweilenden* Blick auffordern. Dies setzt die Regel voraus, nach einer Zeit ängstlicher Ungewissheit den Blick zwar nur kurze Zeit, aber intensiv schweifen zu lassen.

Dabei erweist sich die Verbindung von sozialem Ausgeliefertsein (blind geführt zu werden) und dem Freilassen zur Sache hin (sich ein Bild machen können) als durchaus fruchtbar. Die Spielerin pendelt zwischen Freiheit und Gebundensein und dies genussvoll.

Ein weiterer didaktisch hilfreicher Ansatz ist, dass Gesprächsbedarf per se besteht. Sowohl im Rahmen der zwischenmenschlichen Befindlichkeiten („Das war echt Sch...., mich über die Wurzel gehen zu lassen ...") als auch im inhaltlichen Bereich („Iiih, war das eklig, in den Mülleimer zu gucken ...") beginnt der Austausch ohne Aufforderung. Geschickt mit flankierenden Aufträgen durchsetzt, kann diese Übung Bestandteil vieler Unterrichtsverläufe werden – überall dort, wo sich ein neuer Blick auf die Problematik lohnt.

## Vorschläge:

Die Gruppe hat sich paarweise zusammen gefunden. Eine ist der Fotoapparat, der andere Fotograf.

Der „Fotoapparat" muss nun die Augen schließen und darf sie nur dann einen Moment öffnen, wenn der Fotograf ihr vorsichtig auf die Nasenspitze drückt. Dann aber behält der „Fotoapparat" das gesehene Bild im Kopf.

Der Fotograf hat die Verantwortung für den Fotoapparat. Er führt ihn vorsichtig zu der Stelle, die er knipsen will. Danach stellt er den Apparat ein. (Kopf neigen, auf die Knie gehen lassen, Körperdrehung usw.) Dann drückt er sanft auf die Nasenspitze und führt den „Fotoapparat" wieder sorgsam zum Ausgangspunkt zurück. Nun berichtet der „Apparat", was er aufgenommen hat. Der „Fotograf" sagt, was er aufnehmen wollte. Anschließend wechseln die Partner.

➤ Meist werden sehr individuelle, teils frappierende Einstellungen gefunden. Das Gespräch braucht nicht moderiert zu werden, es genügt der Hinweis, die Zielrichtung des Fotografen und das *Bild* der Kamera zu vergleichen.

➤ Dieses Spiel kann besonders gut im Freien gespielt werden.

➤ Besonders pubertierende Spieler müssen darauf aufmerksam gemacht werden, dass die *Kamera* vorsichtig geführt werden muss. Auch ein zwangloses Abschlussgespräch über die Gefühle beim *Nicht-sehen* und der *Führung* sind ertragreich.

## Variationen:

• Die Anzahl der Bilder im Film kann auf drei ausgeweitet werden. Anschließend wird über deren Inhalt, mögliche Verknüpfungen und die Intentionen der Fotografin gesprochen.

• Es können nahe und ferne Dinge aufgenommen werden. Manchmal erfährt man im Gespräch, dass die *Kamera* etwas ganz anderes aufgenommen hat, als die Fotografin wollte.

• Zwei Kameras dokumentieren ihr Tun gegenseitig.

• Ist die Übung bekannt, kann die Lehrerin Vorabaufträge ausgeben, etwa eine Reihe von Bildern aufzunehmen oder eine thematische Fotosession zu planen.

# Gruppenbildung – leicht gemacht!

*Jahreszeiten:* Werden vier Kleingruppen benötigt, lässt sich die Klasse in Wintergeborene (Januar – März) oder Frühjahrgeborene etc. teilen.

*Kartenmethode:* Je nachdem, wie viele Gruppen benötigt werden, lassen sich mannigfaltige Möglichkeiten finden (vier Farben, acht Karten pro Farbe, Augenkarten, Summen der Werte usw.). Karten austeilen und gruppieren.

*Tip – Tap:* Zwei Kinder stehen sich in einem Abstand gegenüber. Abwechselnd setzt jeder einen Fuß vor den anderen. Dabei sagt der eine „tip" und der andere „tap". Derjenige, der zuletzt seinen *ganzen* Fuß in die Lücke hinein bekommt, darf den ersten Mitspieler wählen. Variation: halber Fuß, Fußspitze, Fuß quer stellen.

*Streichhölzer:* Ein Schüler hält ein Streichholz in einer Hand hinter dem Rücken. Die Mannschaftsführer sagen *rechts* oder *links*. Wer das Streichholz bekommt, darf den ersten Mitspieler bestimmen.

*Elefantenmethode:* Damit können Gruppen jeder Größe gebildet werden. Für drei Mannschaften mit je 8 Kindern werden drei Zettel benötigt. Je ein Elefant wird auf einen Zettel gemalt. Die drei Zettel werden in acht Fetzen gerissen, gemischt und verdeckt auf den Boden gelegt. Jeder zieht einen Schnipsel. Die Elefanten werden passend zusammengelegt und all diese Schüler bilden die Gruppe.

*Frank & Franka:* Für gewünschte koedukative Partnerarbeiten werden männliche und weibliche Formen eines Namens getrennt auf Zettel geschrieben und ausgeteilt. Laut Liste arbeiten dann zusammen: Frank und Franka, Franz und Franziska, Gerd und Gerda, Wilhelmine und Wilhelm, Ron und Ronja.

# Haus – Baum – Hund

*heißt ein Interaktionsspiel, bei dem verschiedene Klärungsprozesse zwischen Arbeitspartnern erfolgen.*

## Didaktischer Kommentar:

Schule steht oft in der Kritik einer, die Kooperation nicht genügend fördernden Einrichtung, in der Auslese und Vereinzelung dominieren. Sicher gibt es dafür Hinweise. Dennoch hat Schule durch veränderte Arbeitsformen gezeigt, dass ein kommunikatives Miteinander sehr wohl möglich (und fruchtbringend) ist. Die Übung *Haus – Baum – Hund* zeigt eindrücklich die Gegebenheiten in einer willkürlich ausgewählten Partnerschaft. Fragen, wie: *Wer führt von Beginn an die Interaktion? Was geschieht innerhalb der Handlung? Wie werden Konflikte geregelt?* sind wesentliche Indikatoren für eine Einschätzung der Klassensituation.
Es geht um die persönliche Durchsetzungsfähigkeit jedes einzelnen Menschen im gemeinsamen Tun. Damit wird die Fehlerhaftigkeit von Theorien völliger Gewaltfreiheit, auch in vorwiegend harmonischen Beziehungen, deutlich. Hans

Hielscher benennt diese Übung sogar als Diagnoseinstrument für die Ehe- und Partnerberatung (vgl. Hielscher 1984; 43).

Schulisch birgt diese Übung mindestens drei wesentliche Einsichten für Heranwachsende und Lehrerinnen gleichermaßen. Kooperation gelingt nur in befriedigender Weise, wenn jemand in bestimmten Phasen (Schlüsselsituationen) die Führung übernimmt – u. U. auch gegen Widerstände. Im laufenden Prozess jedoch müssen beide Seiten sich bewegen, d. h. wechselseitig führen und sich so inspirieren, soll die Aktion auf Dauer Freude machen. Letztlich müssen – selbst wenn es keine sprachliche Begleitung gibt – kommunikative Zeichen vereinbart werden (Mimik, Gestik, Körpersignale). Lehrerinnen können aber weit umfangreichere Regeln und Vollzüge beobachten, derer sich die Partner bedienen, wenn sie denn Partner sind. Denn die letzte Erkenntnis ist auch die entscheidende. Blockiert einer, kommt kein Ergebnis zustande. Eine spielerische Erfahrung nicht zuletzt für jene, denen die Einsicht in zu akzeptierende Grenzen noch nicht internalisiert wurde.

## Vorschläge:

Zwei Schüler sitzen gemeinsam am Tisch. Vor ihnen liegt ein A 4 Blatt, sie haben gemeinsam einen Stift. Beide fassen den Stift an (beobachten!) und beginnen ohne miteinander zu sprechen mit der Arbeit. Die Lehrerin nennt die Aufgabe: „Zeichnet ein Haus, einen Baum, einen Hund – ohne ein Wort miteinander zu reden."

➢ Die Verlockung, miteinander zu reden ist groß. Die Lehrerin sollte alle Versuche sofort unterbinden.

Werden die ersten Paare fertig, fügt die Lehrerin selbst gewählte Folgeaufgaben hinzu, z. B. einen Künstlernamen darunter zu schreiben, den Zeichnungen eine Note zu geben, einen abschließenden Satz unter die Zeichnung zu schreiben usw. Auch hierbei darf kein Wort gesprochen werden.

## Variationen:

- Man kann drei andere Gegenstände koppeln, die gezeichnet werden (Stein – Mensch – Wolke; Sonne – Krokodil – Regenschirm …). Will die Lehrerin das Spiel nach einer gewissen Zeit wiederholen (etwa, weil es den Kindern Spaß gemacht hat, sie neue Entwicklungen in der Klasse beobachten bzw. die

aktuelle Sitzordnung testen will), muss sie eine neue Reihe von Malobjekten anbieten.

- Auf diese *partnerschaftsfindende* Weise lassen sich auch andere Verrichtungen, etwa das Schreiben, das Tafelzeichnen oder eine handwerkliche Verrichtung (Bleistift spitzen) vollziehen. Wichtig bleibt, dass keiner der Partner *allein* ins Spiel kommt.

# Improvisation

*ist in diesem Kontext eine Fähigkeit, bei der Handlungen, Worte, Gesten, Geräusche und Bewegungen spontan auf die Aktion folgen. Dabei sollte das Großhirn seine Kontrollfunktion einschränken und dadurch die kognitive Kontrolle außer Kraft setzen.*

## Didaktischer Kommentar:

Bei der Durchmusterung der gewählten Auslegung von Improvisation werden nicht wenige Lehrerinnen grübeln. Schule verlangt doch gerade, die Kontrolle durch das Großhirn auszubauen – und nicht das Gegenteil! Genau hierin liegt der Wert von Improvisationsübungen. Unsere Wahrnehmungen und Empfindungen sind meist ausgerichtet sind auf das, was andere von uns erwarten bzw. was wir meinen, dass von uns erwartet wird. Der *Polizist* im eigenen Kopf wird zu einer zweiten „Natur". Gerade Lehrerinnen sind gut angepasste Individuen im gesellschaftlichen Handeln. Diese Selbstkontrolle aber besitzt auch Blockadefunktion gegenüber spontanen Entscheidungen – die uns mitunter so *langweilig* erscheinen lässt. Selbst das Zulassen von Spiel in der Schule ist bei einer Reihe von Oberstudienräten zweifellos nicht (mehr) denkbar. Die Furcht, im Spiel psychotisch, obszön oder unoriginell zu agieren lähmt sie einerseits. Des Weiteren haben sie ein didaktisches Weltbild, aus dem das Spiel – in welcher Form auch immer – getilgt wurde.

Improvisationsübungen in der Schule lassen dem Über-Ich (Freud 1972) eine Chance des zeitweiligen Rückzuges. Nutzen wir stattdessen das Kindheits-Ich (Harris/Harris 1995) bewusster zur spontanen Reaktion. Didaktische Erträge sind sowohl kurzfristig, wie auch dauerhaft zu erwarten. Da Heranwachsende im Vollzug ihres täglichen Lebens oft Improvisationsmomente meistern müssen, auch in der Schule (Leistungskontrolle), werden ihnen die Modalitäten nicht fremd sein, wohl aber die Inhalte. Lehrerinnen sollten sich dabei von alltäglichen Dingen leiten lassen, kurze Passagen genügen oft, um ein gänzlich anderes Lernklima zu befördern. Für das Darstellende Spiel ist Improvisation generelle Voraussetzung, hier müssen mannigfaltige und variierende Formen dem Vorhaben angepasst wer-

den. Schlagfertigkeit, der heutzutage oft vermisste Esprit und nicht zuletzt das damit verbundene Denk- und Kombinationsvermögen lassen, nach Akzeptanz und einiger Übung, nicht auf sich warten.

## • Improvisation von Situationen

### Didaktischer Kommentar:

Eigenschaften, Äußerlichkeiten, Formen, Farben werden zu Ausgangspunkten für die Verwandlung von Dingen. Materialien werden neu gesehen, Blickwinkel verändert, einzelne Seiten z.B. von Hut, Gardine oder (Zeige)Stock werden für Verfremdungseffekte genutzt. Diese Entfernung von der „Normalität" tangiert Schule – wie oft wird in Schule die Meinung der Lehrerin als die einzig richtige gesehen. Jede Sichtweise des Dinges ist in der Improvisation urteilsfrei *in Ordnung*. Erst die Verwendung, die nonverbale Klärung zeigt den anderen, worum es sich handelt. Spielerinnen müssen lernen, ihre Sichtweisen auf die Dinge anderen deutlich zu machen, klare und eindeutige Signale auszusenden, damit sie von anderen verstanden werden. Damit erhalten andere die Möglichkeit, darauf *einzusteigen*. Führungspositionen werden ständig getauscht, jeder ist Ideenlieferant und Verwurster. Alle Übungen benötigen hohe Konzentration, Offenheit und die Bereitschaft, ungewöhnlichen Entwicklungen in Handlungen reaktionsbereit gegenüberzutreten.

*Stock, Hut und Gardine:*
Bei diesem Spiel geht es um die vielfältige und nicht normgerechte Nutzung dieser drei Gegenstände. Dabei müssen drei Spieler miteinander in Aktion treten und eine Situation spielen.

*3 Gegenstände (Wollknäuel, Pfeife, Klassenbuch):*
Alle schauen sich die Objekte unter dem Gesichtspunkt an, was man damit darstellen könnte. Eine Spielerin aus der Gruppe beginnt, ergreift ein Objekt und spielt ihre Idee. Ein Zweiter nimmt das Spiel mit dem nächsten (verwandelten) Gegenstand auf. Eine Dritte zeigt durch ihre Handlungen, was der Gegenstand für eine Bedeutung besitzt und sie agieren zu dritt.

Methodischer Hinweis:
Jeder Gegenstand muss eine neue Bedeutung erlangen. Alle Spieler spielen zusammen. Auf Impulse eines Spielers wird eingegangen und die Situation ausgespielt. Es darf keine Blockierungen geben. Handlungen werden umgesetzt und durchgängig nonverbal dargestellt.

**Variationen:**

- Gegenstände austauschen.
- Sprache *ins Spiel* bringen – erst Silben, dann Worte, dann Sätze.
- Eine Vorgabe improvisieren.

## • Improvisation von Gesprächen

### Didaktischer Kommentar:

Schule stellt einen Ort der kommunikativen (An)Passung dar. Schüler, Lehrerinnen und organisatorische Rahmenbedingungen haben nur geringen Einfluss auf die gesellschaftlich akzeptierte Institution *Schule*. Die Improvisation von Gesprächen sprengt diesen Rahmen, zumindest für eine kurze Zeit. Durch die Spielerinnen selbst ändern sich Konversationssituationen blitzschnell. Ideen werden eingespielt und alle halten diese Improvisationshandlung in Bewegung. Jede neu eingebrachte Variante muss von den Akteuren aufgenommen werden. Wie im täglichen Miteinander werden manche Schülerinnen überhört, nicht ernst (genug) genommen, falsch verstanden usw., weil unausgesprochene Normen alle Hierarchien in Klassenverbänden bestimmen. Die Spielzeit ist begrenzt, damit wird ein Überschreiten der Frustrationstoleranz eingedämmt. Weiterhin kann mit diesen Übungen einer großen Anzahl von Teilnehmenden die Möglichkeit zur Aktivität gegeben werden.

*Ein Bild für Drei:*
Eine Spielerin geht *ins Bild* mit einer Aussage zu ihrer gegenwärtigen Bedeutung („Ich bin ein Baum ..."). Eine nonverbale Handlung mit Geräuschen schließt sich an. Ein zweiter Spieler benennt sich („Ich bin der Borkenkäfer ...") und kommuniziert danach. Ein Dritter benennt sich ebenfalls und handelt sprachlich. Die Gruppe spielt in der Szene, bis ein Zuschauer durch Klatschen die handelnden Personen einfriert (Alle bleiben in der gegenwärtigen Stellung unbeweglich stehen). Spielerin 1 verlässt die Bühne. Ein neuer Spieler tritt ins Bild. Er kann im Kontext weiter agieren, aber auch den Abschnitt völlig verändern. Beim nächsten Spielerwechsel tritt wieder der am längsten handelnde Spieler ab und ein neuer Spieler geht in die Szene und kommuniziert.

## • Improvisation von Gegenständen

### Didaktischer Kommentar:

Schüler tun sich häufig schwer Gefühle und Meinungen verbal auszudrücken. Durch die Improvisation von Gegenständen erhalten sie die Möglichkeit, ihre

Einstellungen und Haltungen durch Gegenstände auszudrücken. Sie erhalten die Möglichkeit sich durch diese Form der Artikulation ihrer Gefühle bewusst zu werden.

Durch ein anschließendes Gespräch lernen die Schüler Gefühle und Eindrücke verbal wiederzugeben. Sie können so ihre sprachliche Ausdrucksfähigkeit verbessern und erweitern.

*Auf dem Flughafen:*
Jeder Spieler bekommt die Aufgabe ein Gegenstand auf dem Flughafen zu sein. Dafür geht jeder Spieler einzeln mit seiner Benennung auf die Bühne und nimmt dort eine entsprechende Körperhaltung ein. Nach und nach folgen weitere Gegenstände. Wenn die Bühne mit den Spielern gefüllt ist, sprechen alle nacheinander über ihre Gefühlszustände.

*Gegenstände verwandeln sich:*
Verschiedene Alltagsgegenstände liegen sichtbar vor den Klasse. Ein Spieler nimmt sich einen Gegenstand und zeigt mittels Handlungen dessen nicht normierte Funktion. Die Nächste nimmt diesen Gegenstand als diesen auf. (*z. B. Der Ball wird zur Apfelsine und klebt.*) Er vollzieht eine anschließende Handlung aus der die neue Aufgabe sichtbar wird (Sonne, Glaskugel, Melone …). Kommt ein Spieler zu keiner neuen Verfremdung, wird der Gegenstand gewechselt.

## Variationen:

- Einsatz von Gegenständen mit breitem Anwendungsspektrum (Zollstöcke, Decken usw.). Ein Spieler baut mit dem Zollstock einen Gegenstand und hantiert mit ihm (Spiegel). Die nächste baut eine Schlange: Schlangengift macht schön …). Die Impulse werden hierbei über den Gegenstand gegeben.

## • Improvisation von Rollen

*Die Biografie des Hutes:*

## Didaktischer Kommentar:

Kopfbedeckungen schützen nicht nur vor niedrigen Temperaturen, sondern sie sagen etwas über ihren Träger aus. Beobachtet man Menschen im Kaufhaus, wenn sie Hüte anprobieren, können wir oftmals Veränderungen der gesamten Körperhaltung, Mimik und Gestik feststellen. Jeder hat Vorstellungen über Typen von Hut- und Mützenträgerinnen. Setzen wir selbst eine Kopfbedeckung auf, gelingt uns mit diesem Accessoire eine Verwandlung meist schnell und unproblematisch. Die Übung nutzt die individuellen Vorstellungen über Personen und die

Lust/Freude am Anders-Sein-Dürfen. Eine Rolle wird (aus)gespielt. Dabei stellt die Möglichkeit der Auswahl und die Verschiedenartigkeit der Hüte einen wichtigen Aspekt dar.

**Vorschläge:**

Die Klasse steht im Kreis. In diesen legt der Spielleiter eine Anzahl verschiedenartigster Kopfbedeckungen. Jeder soll sich für eine entscheiden. Sollten mehrere Spieler einen Hut favorisieren, können sie gemeinsam eine Lösung entwickeln. Dabei kann folgendes Vorgehen gewählt werden.

1. Jeder sucht sich einen Hut.
2. Nehmt diesen in die Hand, setzt ihn nicht auf! Setzt euch an eine Stelle im Raum, die euch angenehm ist.
3. Führt einen Dialog mit eurem Hut, betastet bzw. begrüßt ihn. Erklärt ihm die Auswahl. Der Hut kann antworten.
4. Geht zu einem *imaginären* Spiegel. Setzt euch dort den Hut auf. Beim Betrachten verwandelt ihr euch in eine Person. Gebt euch einen Namen, ein Alter, eine Adresse, fiktive Kleidung …
5. Alle so entstandenen Figuren bewegen sich in einem imaginären Zimmer/ Raum. Alle verrichten alltägliche Handlungen, u.U. begleitet von Selbstgesprächen.
6. Versucht herauszufinden, was diese Personen ungerne tun, und warum das so ist …
7. Probiert aus, was ihr sehr gerne macht, redet dabei oder singt …

Im Anschluss an die Verwandlung werden die Personen interviewt. Einzeln werden sie nach Namen, Beruf, Familienstand gefragt. Sie stellen ihre Lieblingstätigkeiten vor.

Die Personen können sich auch auf einer Party begegnen, gemeinsam mit dem Bus in einer Reisegruppe unterwegs sein oder sich im Stau auf der Autobahn tref-

fen. Gegebenenfalls kann – bei spielgewohnten Gruppen – auch von vornherein der Rahmen von Rollenimprovisationen stoffkompatibel gesetzt werden.

## Variationen:

*Gedichte bauen:*
Die Spielleiterin trägt ein Gedicht vor. Bei einem erneuten Vortrag bauen die Schülerinnen aus ihren Empfindungen das Gedicht und seine Protagonisten nach.

*Postkarten:*
Die Klasse improvisiert eine Szene/baut ein Bild, welches **vor** oder **nach** einer vorliegenden Postkartenabbildung entstanden sein könnte.

# Katze & schwache Maus

*ist ein Kooperationsspiel, bei dem sich die Spielenden wesentliche strukturelle Transferleistungen übermitteln.*

## Didaktischer Kommentar:

*Katze und schwache Maus* hat uns in den vielen Jahren der Beschäftigung mit dem Thema Spiel zugleich begeistert und stets vor neue Rätsel gestellt. Es entwickelt seine Finessen oft erst mit dem zweiten oder dritten Spiel. Dann erst entwickeln die Mäuse oft phänomenale Schutzmechanismen für die schwache Maus.

Spielbeobachter können viele entwicklungspsychologische Entdeckungen machen. Zunächst versuchen viele Gruppen, mittels brachialer Aufopferung eine Chance zu erspielen. Doch die Regel bindet – trotz Wegrennens (Egoistische Regelauslegung) oder Schutzringbildens (Kollektiver Untergang) siegt die Katze. Denn sie vereint scheinbar alle Macht in sich.

Da aber keine Regeln verkündet werden, wie die Mäuse ihre Schwächste schützen, verlässt die Gruppe bald die konservative Regelauslegung. Dies ist der Beginn des Staunens bei Lehrerinnen und der Beginn der Überlegung, was Regeln sollen und was ihre Übertretung bewirkt.

Über die Chance eines allgemein pädagogischen Gesprächsanlasses hinaus sei auf die mannigfaltigen strukturellen Transfers hingewiesen, derer sich die Spielenden bedienen. Bezüglich des Aufbaus einer Spielstrategie außerhalb des individuellen Schutzbedürfnisses muss das Kind allerdings über mehrere, auch unterschiedliche kooperativ orientierte Spiele geführt werden. Ein möglicher struktureller Transfer: *Ich kann als Einzelner helfen, dass die Gruppe gewinnt.*

## Vorschläge:

Die Gruppe wählt eine Katze. Sie verlässt den Raum. Alle anderen sind Mäuse und wählen unter sich eine *schwache* Maus. Diese gilt es, so lange als möglich vor dem Abschlag zu schützen. Die Gruppe kann darüber beratschlagen. Dann betritt die Katze den Raum wieder und beginnt, die Mäuse nacheinander zu fangen (Abschlag). Die *gefressenen* Mäuse verlassen das Spielfeld und stellen sich an die Seite.

Spielregel: Die Katze hat gewonnen, wenn sie die *schwache* Maus **nicht** als letzte abschlägt. Die Mäuse haben gewonnen, wenn die Katze die schwache Maus als **letzte** abschlägt.

➢ Jüngeren Kindern kann man viel von der nicht sinnvollen Aggressivität des Schützen-Wollens wegnehmen, in dem man erklärt, dass alle Mäuse allemal abgeschlagen würden. Es geht aber darum, die schwache Maus zu schützen.

## Variationen:

• Nach dem Ende des Spiels – gleich, wer gewann – ist die nächste Katze immer die schwache Maus des vergangenen Spiels. Damit kennt sie alle beratschlagten Strategien.

• Ein ähnliches, auf Strategien und Kooperation beruhendes Spiel ist *Versteinern – Erlösen*.

# Kuckuckseier

*ist eine Sinnesübung, bei der es sowohl um die Schulung eigener Wahrnehmung und Beherrschung des Körpers geht, wie auch um die Strategiebildung in der Gruppe.*

## Didaktischer Kommentar:

Vorschnell wird die Gruppe der Sinnesübungen in die ersten Jahre der Grundschule oder den Kindergarten verbannt. Zweifellos haben sie dort ihren Platz. Dennoch ist festzustellen, dass Heranwachsenden – auch durch die Kopflastigkeit des Lernens in der Schule – die Fähigkeit gezielter sinnlicher Wahrnehmung verloren geht. Flankierende Einflüsse, wie Erfahrungsgewinn aus zweiter Hand, die Reduktion von Wirklichkeiten auf Medien usw. haben Anteil daran.

Daher werden Lehrerinnen schnell feststellen, dass in ihren Klassen enorme Bandbreiten existieren, was die Fähigkeit zur Sinneswahrnehmung betrifft. Elementare Schritte zur Wiedererlangung dieses Körpergefühles ist eine Aufgabe der gesamten Schule und nicht etwa nur auf den Sportunterricht beschränkt. Mit den

veränderten bzw. sich verändernden sinnlichen Eindrücken kommt es auch zu genauer Eigenwahrnehmung und somit zu erster Kritik an vorgegebenen Modellen. Ein letzter, jedoch nicht beiläufiger diagnostischer Punkt sei erwähnt. In manchem Fall haben Lehrerinnen bei derartigen Sinnesübungen schon sich entwickelnde oder fortgeschrittene Sinnesdefizite feststellen können. Wenn bei *Stille Post* stets ein falsches Ergebnis heraus kommt oder das Spiel an einer Stelle aussetzt, ein Vogel keinen Kuckuck zu erlegen im Stande ist, sollte genauer nachgeforscht werden.

## Vorschläge:

Einem Spieler werden die Augen verbunden. Er sitzt auf einem Stuhl. Zu seinen Füßen befindet sich ein Spankorb oder eine Schale mit einigen Steinen darin. Dazu kann die Lehrerin die Situation entwerfen, *dass ein Vogel auf den Eiern sitzt und brütet. Manchmal muss er aber auch schlafen. Dann beginnt die Zeit für den Kuckuck, der seine Eier in fremde Nester legt.*
Jedes Kind hat einen Stein (Kastanien, Eicheln, Radiergummi) in der Hand. Man schleicht sich nun so an den Vogel heran, dass dieser nicht aufmerksam wird.

Wenn dennoch ein Geräusch gemacht wird, zeigt der Vogel in diese Richtung. Daraufhin muss der entdeckte Kuckuck in genau der Haltung verharren, in der er sich eben befand.

➢ Die Gruppe muss fair spielen (Gegenstände nicht werfen).

➢ Die Spielleiterin kann unklare Situationen klären, indem sie nickend oder kopfschüttelnd die Spieler zum Verharren oder Schleichen nötigt.

Ein erwischter Kuckuck ist der neue *Vogel*.

## Variationen:

- Die ganze Gruppe, ein Teil der Kinder oder jeder Kuckuck einzeln schleicht sich an.
- Die Gruppe legt keine Steine, sondern Botschaften ab (gefaltete Zettel, von der Gruppe geschrieben, gemischt). Auf ihnen stehen Fragen. Diese muss der Vogel beantworten. Die erwischten Kuckucks beantworten die ihre.
- Die Gruppe steht im Kreis um den Vogel und lässt einen Gegenstand kreisen (Schlüsselbund). Der Vogel zeigt in die Richtung, aus der Geräusche kommen.
➢ Diese Sinnesspiele haben sich auch als Einstieg in Gesprächssituationen bewährt, bei denen soziale Themen (Sinnesbeeinträchtigung, Blindheit, Behinderung, Hilfe, Solidarität, Vermeidung von Vorurteilen) eine Rolle spielen.

# Kugellager

*ist ein Kennenlernspiel, bei dem das Zufallsprinzip und die Rotation zum Informationstausch genutzt wird.*

## Didaktischer Kommentar:

Auf die Frage, wie Schule besser gemacht werden könne, antworten die Heranwachsenden oft mit Ideen, die Praktiker und selbst die Wissenschaft oft überraschen. *„Schule wäre interessanter, wenn nicht alles schon so vorbestimmt wäre …"* bzw. *„In der Schule müsste mehr passieren …"* sind nur zwei Überlegungen. Schaut man sich den Unterricht erfolgreicher Lehrerinnen an, so dominiert dort – neben der hervorragenden Fachlichkeit und einem angenehmen Sozialklima – der Hauch von Ungewöhnlichkeit. Interessante Themen wechseln mit ungewöhnlichen Aufgaben und packendem Medieneinsatz. Hier sehen wir einen Punkt, relativ unangestrengt für das eine oder andere Novum zu sorgen. Das Prinzip des Spiels sorgt ja gerade wegen seiner partiellen Unberechenbarkeit, seiner Mischung aus Strategie und Zufall für jenen Kitzel, den wir alle kennen. Bei *Kugellager* ist dieser Kitzel die Ungewissheit, wen man durch diesen Vorgang als Partnerin zugelost bekommt. Mit dieser gilt es, sich zu arrangieren (in diesem Bezug zu kommunizieren). Ist diese Partnerin sprachlich attraktiv, bedauert man den Augenblick der Trennung (und des Neuansatzes). Kontaktiert man jedoch eher einen Partner, dessen Anziehungskraft überschaubar ist, hat die Partnerin Gewissheit, ihn nach der gesetzten Zeit *wieder los* zu sein. Dieser Wechsel ohne Bindungspflicht macht einen Teil des Reizes aus, sich darauf einzulassen. Dabei ist dieser Transport von Spiel in Schule nicht einmal vordergründig – lässt sich doch ins Klassenbuch schreiben: *Übungen zur problemorientierten Kommunikation unter den Bedingungen sozialer Varianz.*

## Vorschläge:

Die Klasse teilt sich in zwei gleich große Gruppen. Eine bildet einen Außen- die andere einen Innenkreis. Beide Kreise stehen Rücken an Rücken. Die Mitglieder des jeweiligen Kreises halten sich an den Händen. Auf ein Kommando der Lehrerin bewegen sie sich.

➢ Tipp: Das Stichwort der Spielleiterin kann sein: „Lauft nach rechts!". Auf Grund der Gegenüber-Stellung der beiden Gruppen wird so eine Gegenbewegung initiiert.

Auf das Kommando: „Stopp!" halten beide Kreise an. Die Spieler drehen sich jeweils um 180 Grad und beginnen, eine festgelegte Zeit (günstig sind 30–60 Sekunden) miteinander zu kommunizieren. Nach einem festgelegten Kom-

mando der Lehrerin (z. B. Kreis bilden) drehen sich die Schülerinnen wieder um 180 Grad, fassen ihre Kreisnachbarn an und bewegen sich nach rechts, bis ihr das nächste Kommando eine neue Gesprächspartnerin zulost.

➤ Tipp: Vielleicht benötigt die Klasse zunächst einen Probelauf.

➤ Es kann sein, dass manchmal die Kreise nicht ganz bündig stehen und sich letztlich zwei Spielerinnen *suchen*.

➤ Als Kennenlernspiel für eine neu zusammengesetzte Gruppe ist das Spiel bestens geeignet. Aber das in ihm wohnende Zufallsprinzip der Partnerwahl kann immer angewandt werden.

## Variationen:

• *Kugellager* ist eine nur minimal aufwendige Form der Partnerwahl „durch Zulosung". Sie wird oft konfliktärmer akzeptiert, als die einfache Bestimmung (*Ooch, schon wieder mit der ...*).

• *Kugellager* unter ein bestimmtes Thema stellen (*Unsere Projektwoche im Januar*). Durch mehrere Runden die Ideenbreite der Gruppe erhöhen, um im Anschluss eine rege Beteiligung zu gewährleisten.

• *Problemorientiertes Kugellager* stellt in den Mittelpunkt der Interaktion eine Fragestellung (*Erklärt euch untereinander noch einmal die Entstehung eines Regenbogens*). Kommen die Partner nach dem Zufallsprinzip zusammen, beginnen sie mit der gegenseitigen Klärung.

➤ Vorteil: Es gibt Rednerinnen, Zuhörer, Disputantinnen und Faktentauscher. Die Chance, Schlüsselinformationen zum eigenen Verständnis bzw. zum Ausbau der Argumentation zu erhalten, ist wesentlich größer, als bei einkanaligen Varianten.

➤ Tipp: Zeit bis auf maximal 2 Minuten erhöhen bzw. nach der Intensität des Austausches regeln. Nicht mehr als 5 Runden drehen.

## Lebende Mühle

*ist ein Strategiespiel, bei dem es auf taktisches Geschick ankommt und das in dieser Form einen Perspektivenwechsel fordert.*

## Didaktischer Kommentar:

Bei der Diskussion um das Spielen in der Schule werden Skeptiker am ehesten mit Strategie- und Denkspielen überzeugt. Auch jene Interaktionen, die direkt oder indirekt etwas mit dem Lernen – am besten problem- bzw. fächerbezogen –

zu tun haben, sind allgemein akzeptabel (schulfachbezogene Spiele). Das vorliegende *Lebende Mühle* aktiviert Strategie und taktische Vorgehen gleich in doppelter Hinsicht. Erstens erstaunt bereits die Größe des Unternehmens, welches die meisten lediglich als Brettspiel kennen. Bereits dies bewirkt die Änderung der Blickrichtung – kann in dieser Ausführung die (beim Brettspiel Mühle) angeeignete Vorgehensweise per se übernommen werden? Zweitens verändern sich auch die Einflussmöglichkeiten des Einzelnen. So, wie im Vorschlag beschrieben, ist das Spiel eine Gruppenangelegenheit. Das bedeutet, sich einigen, über den Spielzug reden, Strategien austauschen, sich zurücknehmen oder durchzusetzen.

➢ Tipp: Beobachten Sie als Lehrerin *männliche* und *weibliche* Vorgehensweisen.

Normalerweise ist diese Konstellation eine *Nullnummer*, ohne Sieger und Verlierer. Sie kann, ebenso wie die Variation *Tic Tac Toe*, endlos gespielt werden.

➢ Sollten die Schüler draufkommen und *aussteigen* – lassen Sie sich den Beweis herleiten.

Da aber Denkfehler, vorschnelle Züge, mangelnder Durchblick oder Uneinigkeit in der Gruppe das Spiel kurzweilig machen, beachte man bitte noch eine Regel. Lassen Sie eine Revanche zu, beginnt die *andere* Gruppe. Dies durchkreuzt die stoische Wiederholung der Strategie (siehe Hielscher 1984; 54).

## Vorschläge:

Es werden 9 Stühle jeweils zu dritt in einer Reihe aufgestellt. Zwischen den drei Reihen mit je drei Stühlen sollte so viel Platz sein, dass die Schüler zwischen den Reihen entlanggehen und auf den Stühlen Platz nehmen können. Die Klasse teilt sich in zwei Gruppen auf. Je drei Spieler werden gekennzeichnet (gleiche Mützen, Bänder, Fahnen usw.). Diese Schüler sind Spielsteine und werden durch die Gruppe postiert. Nun gelten die Spielregeln des Mühlespieles: Nacheinander wird jeweils ein *Stein* auf das Neunerfeld Stühle gesetzt. Sieger ist jene Gruppe, deren drei Spieler zuerst eine *Mühle* gebildet haben, d. h. in einer der Reihen nebeneinander, *nach unten* bzw. diagonal sitzen.

Ist während des Setzens noch keine Entscheidung gefallen, wird abwechselnd neu gezogen. (Es darf *gesprungen* werden, d. h. man muss nicht nur den Nachbarstuhl besetzen.)

➢ Es ist ratsam, mindestens zwei Durchgänge zu spielen, z. B. um zu erkennen, dass sich vorheriges Beraten „auszahlt", statt einfach „drauflos" zu setzen.

## Variationen:

• Einzelne Schüler treten gegeneinander an, die Klasse beobachtet die Spielzüge. Daraus lässt sich ohne Probleme eine *Sportreprotage* gestalten, bei der einige Schülerinnen eine kurze Zeitungsmeldung, einen Spielbericht, ein Protokoll

etc. schreiben. Auch eine Tonbandaufzeichnung der Reportage – mit anschließender Analyse im Studio lässt sich einrichten (Mündlicher und schriftlicher Sprachgebrauch, Medienerziehung).

- *Tic Tac Toe* ist die Grundform des Spiels und lässt sich in kurzer Zeit ohne Mühen vorbereiten. Das Spielfeld aus 3 x 3 Feldern wird auf ein Blatt Papier gezeichnet. Ein Spieler spielt mit drei 1 Cent Stücken, die Gegnerin mit drei 10 Cent Münzen. Wer zuerst drei Felder nebeneinander, untereinander oder diagonal besetzt hat, siegt.
- *Ganze Mühle* ist die Abbildung des großen Mühlespiels auf dem Fußboden (Schulhof, Sportplatz, Klassenraum). Gespielt wird nach den üblichen Mühleregeln mit der Anzahl der Steine (Spielerinnen).
- Ähnliche Brettspiele (Dame, Halma) haben wir mit bestem Erfolg ebenso durchgeführt.

## Lebender Sitzkreis

*ist der Name eines vertrauensbildenden Kooperationsspiels mit hohem Körperkontakt.*

### Didaktischer Kommentar:

Das Spiel vermittelt, dass es bei manchem Vorhaben auf jeden einzelnen Spieler ankommt. Diese Erkenntnis kann nach der Durchführung zum Thema gemacht werden. Einsetzbar ist es – wenn der allgemeine Spaßfaktor wieder ausgespart bleibt, zur Bestätigung einer Gruppenidentität. Gerade als Großgruppenanimation lässt sich der *Lebende Sitzkreis* mit allen Mitgliedern einer Schule kreieren – Lehrerinnen eingeschlossen.

Geht er *schief*, lässt sich das Prinzip der Kettenreaktion erstaunlich plastisch beobachten. *Kippt* der erste Spieler, sind auch die beiden verbindenden Elemente vor und hinter ihm nicht mehr *zu halten*. Nach beiden Seiten hin zerstört sich die Statik. Die ganze Gruppe kann sich dieser Erosion nicht mehr entziehen. Letztlich kann dies den Beginn einer Diskussion über die Verantwortung des Einzelnen gegenüber der Gesellschaft auslösen.

### Vorschläge:

Die Gruppe steht im Kreis in Marschrichtung und setzt sich langsam in Bewegung. Die Spielleiterin regt an, dass beim Laufen alle die rechte Hand auf die rechte Schulter der Vorderfrau gelegt wird. Nun wird die linke Hand auf die linke Schulter der Vorderfrau gelegt. Nun soll die rechte Hand auf das rechte Knie der

Vorderen gelegt werden. Weiterlaufen (!) Nun wird sich auf ein Kommando hin auf die Knie des hinteren Mitspielers gesetzt.

## Variationen:

- Die Gruppe versucht, sich aus dem Stand in den Sitzkreis zu begeben.
- Die Nähe der Spielerinnen untereinander wird verändert.

# Lebenslauf

*ist in seiner Grundform ein Kennenlernspiel, wird durch uns jedoch zu einer schulfachbezogenen Aktivität, die exklusiv oder im Verbund mit der Projektmethode eingesetzt werden kann.*

## Didaktischer Kommentar:

Das Beispiel *Lebenslauf* haben wir ausgewählt, um Lehrerinnen zu zeigen, dass es recht einfach ist, sich einer Spielstruktur zu bemächtigen, und sie für schulisch-fachliche Belange zu modifizieren. Untersuchen wir den Ansatz, bleibt das bekannte *Mensch-ärgere-dich-nicht* ohne Chance, die Routine (etwa durch Herauswerfen) zu durchbrechen. Daher ist es nötig, eine neue Form zu finden, das Spiel spannend zu machen. Diese Rolle übernehmen Ereigniskarten. Die Form klammert den Fortgang des Spiels in zweifacher Hinsicht – Spannung baut sich durch die Anzahl der gewürfelten Augen und den Inhalt der Ereigniskarte auf, die man ziehen muss. Da die Gruppe aber vorher die zu erwartenden Aufgaben selbst produzierte, fiebern die Schüler und Schülerinnen zwischen dem Unbekannten (Augenzahl) und den Halbbekannten (Welche Ereigniskarte erhalte ich? Wer bekommt meine Karte? Kommt nun endlich meine ...?).

Diese Grundstruktur kann ohne Mühe auf die meisten Unterrichtsinhalte, ja sogar auf ganze Themenbereiche angewandt werden. Noch mehr – sie lassen sich, so unsere Prüfung – auf die Ersteinführung beziehen (Was weiß die Gruppe bereits über … und wo muss angesetzt werden?). Als Zwischenkontrolle und Ergebnissicherung sind sie einleuchtend, der Vorschlag, sie als Leistungskontrolle zu verwenden, steht unter *Variationen*.

Letztlich sei angemerkt, dass die Erklärung des Problems durch Schüler untereinander mindestens einen ebenso großen Ertrag erbringt, als es die Erklärungen der Lehrerin vermögen.

## Vorschläge:

Grundform (Idee nach U. Baer 1982):

Entsprechend dem Alter der meisten Schüler wird eine Würfelstrecke gelegt. Dazu lassen sich A 4 Blätter benutzen, auf welche die Zahlen 1, 2, 3, 4, 5, 6, 7, 8, usw. geschrieben werden. Lehrerin oder/und die Klasse denken sich Fragen aus, die als „Ereigniskarten" verdeckt neben die Würfelstrecke gelegt werden. Sie müssen einen Bezug zu der Zahl (der Lebensjahre) haben, z. B.

- Möchtest du noch einmal **ein** Jahr alt sein? Begründe!
- Was spielt ein Kind mit **zwei** Jahren?
- Beschreibe ein Foto von dir, als du **drei** Jahre alt warst.
- Viele Kinder mit **vier** Jahren sind im Kindergarten. Erinnerst du dich an eine Episode dort?
- Mit **fünf** Jahren spricht man schon gut. Weißt du eine deiner Fragen an deine Eltern?
- Kinder mit **sechs** Jahren kommen in die Schule. Wie sah deine Zuckertüte aus?

Jede Schülerin erhält einen Spielstein, danach wird gewürfelt, gesetzt und die Ereigniskarte bearbeitet. Wer *oben* angekommen ist, beginnt wieder von vorn.

➢ Meist ist dies jedoch nicht notwendig. Denn die Aktivität lebt nicht vom Würfelspiel, sondern den sich ergebenden Gesprächen, Erinnerungen und Zusätzen der anderen Spieler.

## Variationen:

- Die Würfelstrecke bis 30 ausbauen und mit Ereigniskarten bestücken, die einen direkten Bezug zum gerade behandelten Unterrichtsschwerpunkt besitzen. Dabei können die Schülerinnen sowohl die Fragen entwickeln, wie auch die Wiederholung durchspielen. Lehrer berichteten, diese Methode sogar als Leistungskontrolle mit freundlicher Resonanz eingesetzt zu haben.
- Selbst als Wiederholung vor einem großen Test wird diese Form – eingesetzt in der Kleingruppe – gern benutzt. Da es bei der Bearbeitung der Ereigniskarten stets zu einem fachlichen Austausch der Beteiligten (Annahme, Ergänzung, Vertiefung, Erweiterung usw.) kommt, ist für den Lernertrag gesorgt.

- Im Rahmen von Projekten kann eine Arbeitsgruppe das entsprechende Modell (Würfelrallye) entwickeln und vorstellen.

## Mein Bild – dein Bild

*ist ein Kennenlernspiel, welches zur Diagnose von Gruppen bzw. Gruppeninteressen gespielt werden kann.*

### Didaktischer Kommentar:

Der Begriff *Kennenlernspiel* soll in diesem Kommentar näher betrachtet und somit erweitert werden. Viele Lehrerinnen überblättern die Kennenlernspiele mit dem Motiv, ihre Klasse(n) bereits längere Zeit zu überblicken. Lediglich für neu zusammengestellte Klassen – etwa beim Übertritt von der Grund- zu weiterführenden Schulen – hätten sie ihre Berechtigung.

Dies ist nicht so. Da wir in diesem Buch grundsätzlich für die Anwendung bestimmter Grundmuster von Spielen mit variierenden Inhalten plädieren, möchten wir auch den Begriff des Kennenlernens sehr weit verstanden wissen. *Mein Bild – dein Bild* ist daher nicht nur hilfreich, wenn man sich als Heranwachsender oder Lehrerin einen Überblick machen will, wer zukünftig in der Klasse ist. Es lässt sich immer dann nutzen, wenn es zu einer Neuorientierung im sozialen Leben der Klasse kommt oder bestimmte Richtungsentscheidungen anstehen. Selbst ein konkretes Projekt oder Vorhaben lässt sich – abseits der bekannten demokratischen Mehrheitsbeschlüsse – informell abbilden.

Im Rahmen der Spielregeln – die den Beteiligten eine gehörige Portion Arbeit und Kommunikation abverlangen – kommt es zu interessanten flankierenden Lern- und Verhaltenserträgen. Beide Partner müssen sich aufeinander einlassen. Sie entscheiden selbst, wie weit sie den anderen ihre Gefühlswelt präsentieren. Sie erfahren dabei oft ungewöhnliche Wendungen. Eine Mitschülerin, die eine andere *auf Grund ihres schnippischen Wesens* nicht sehr mochte, erfuhr plötzlich in *Mein Bild – dein Bild,* dass es der Betreffenden genau so mit ihr erging. Dies kann der Beginn eines Prozesses der Auseinandersetzung und Klärung von Beziehungen sein, zu der die Schule immer wieder aufgefordert wird und deren Erziehungsauftrag – die Herstellung tragfähiger Beziehungen – genau dies aussagt.

### Vorschläge:

Das Spiel wird in Zweiergruppen gespielt. Man benötigt am besten A 3 Blätter, Zeichenkohle oder dicke Filzstifte. Zunächst haben die Partner die Aufgabe, sich gegenseitig den Umriss ihrer Köpfe auf das Papier zu zeichnen.

➤ Dazu können die Köpfe direkt auf das Papier gelegt und die Umrisse gezeichnet werden. Wenn dies nicht so gut gelingt, ist es nicht schlimm.

➤ Als eine sehr ästhetische Möglichkeit empfehlen wir Schattenbilder nach Vorlage am Overheadprojektor. Dazu wird das Papier an der Wand befestigt und der OHP eingeschaltet. Die Schülerin stellt sich direkt vor das Blatt und der Zeichner zieht die Hell-Dunkel-Linie nach.

Partnerin A hält das Portrait von Schülerin B in der Hand und umgekehrt. Die Partnerinnen haben danach die Aufgabe, sich gegenseitig über Wissenswertes zu ihrer Person zu befragen. Jede stellt zunächst eine Frage, danach wird gewechselt. Die jeweilige Antworte schreibt die Fragerin in den Umriss des Kopfes (z.B. als Mund, Nase, Augen, Ohren und Haare). Das *Bild* entsteht aus dem Umriss und den Inhalten, die erfragt wurden.

➤ Alle Umrisse mit den Aussagen können im Klassenzimmer ausgehängt und diskutiert werden.

## Variationen:

• Die Spielform eignet sich auch gut im Jugendbereich, da man aus der Summe der Informationen (Hobbys, Vorlieben) recht gut Projekte, Vorhaben oder gruppenspezifische Aufgaben und/oder Reaktionen ableiten kann.

• Wir haben dieses Spiel in der Grundschule bei Kindern getestet, die erst am Beginn des Schriftspracherwerbs standen. Sie zeichneten die Antworten in den Kopf.

• Es lassen sich aber auch die Gedanken zu sehr konkreten Vorhaben abbilden. Der Vorteil eines solchen Geschehens ist das Ausblenden des großen Rahmens, in dem u.U. Hemmungen auftreten. Die Besprechung des Themas: *Unsere erste Klassenfahrt* kann in aller Breite (10 Aussagen) als sehr authentisch angenommen werden.

• Gerade bei intimen Themen kann *Mein Bild – dein Bild* besondere Bedeutung erlangen. In einer Klasse mit sehr aggressiven Sozialbeziehungen hängte die Lehrerin alle Umrisse der Schülerinnen und Schüler wahllos in einen leeren Klassenraum. Einzeln wurden die Heranwachsenden gebeten, in diesen Raum zu gehen und in bestimmte Umrisse jene Dinge zu schreiben, die man sich (noch) nicht zu sagen getraute. Selbst zugeklebte Briefe hingen nach einer Zeit an den Zeichnungen. Schließlich brach das Eis und eine (noch außerordentlich kontroverse) Kommunikation hub an.

➤ Auch in der Sexualerziehung oder bei Zukunftsvisionen lässt sich die Form einsetzen.

➤ Lehrerinnen sollten immer einige „leere" Umrisse ihrer Klasse parat haben oder die ersten Entwürfe ebenfalls in A 3 kopieren.

# Ohnmacht

*heißt ein Kooperationsspiel, bei dem Beobachtung, Gruppenverhalten und Kooperationsfähigkeit eine wichtige Rolle spielen.*

## Didaktischer Kommentar:

Immanenter Bestandteil schulischer Arbeit ist die Sozialerziehung. Viele Lehrerinnen leisten dort täglich solide Arbeit. Viele jedoch bemerken, dass allein über die Worte nicht automatisch eine Besserung des Geschehens eintritt. An Klagen wie: „Dem Ronny aus der 4 a kann ich tausendmal etwas sagen, der ...“ kann man den Frust ablesen.

Spiele zur sozialen Erziehung sind ebenfalls kein Heilsbringer, durchbrechen aber die Vorherrschaft der belehrenden Worte. Damit werden sie ungewöhnlich und interessant. Da Heranwachsende stets gern spielen, ist auch die Akzeptanz weitgehend gesichert.

In diesem Fall scheint die Aufgabe ganz einfach. Die Klasse nimmt wahr, dass sich zwei Drittel der Gruppe um ein Drittel kümmern müssen, wenn diese nach der Spielregel zu Boden sinken müssen. Bereits in der Anfangsrunde erkennen sie jedoch die Differenz zwischen Kognition („Das ist ja baby-eierleicht!“) und Realität („Was nur dreien ist geholfen worden?“). Erst nach mehreren Runden entsteht eine gewisse Hilfe-Routine, der Blick hat sich erweitert, die Aufmerksamkeit ist schärfer („Ich gucke wie ein Luchs, damit ich helfen kann ...“). Obwohl die Übertragung auf den Alltag keinesfalls gewährleistet ist, können immer wiederkehrende Spielangebote einige wichtige Transferleistungen *ins Leben* befördern helfen.

## Vorschläge:

Die Klasse zählt zu dreien ab: 1, 2, 3, 1 ... Die Schüler merken sich ihre Zahl und beginnen, locker im Raum zu laufen. Die Lehrerin ruft nun eine der Zahlen laut aus, z. B.: „Zwei“. Alle Zweien sinken nun ohnmächtig zu Boden. Der Rest der Schüler – also Einsen und Dreien müssen versuchen, den Ohnmächtigen zu helfen, sie vor dem Sturz zu bewahren, aufzurichten oder ihnen unter die Arme zu greifen, dass sie nicht fallen.

➤ Tipp: Erfahrungsgemäß gibt es beim ersten Durchgang ein heilloses Durcheinander mit vielen Opfern. Sogar in der Lehrerinnenfortbildung sind erwachsene Menschen trotz nachweislich begriffener Spielregeln nicht in der Lage, allen Ohnmächtigen zur Seite zu stehen. Ein Diskussionspunkt in der nächsten Dienstberatung?

## Variationen:

- Für jüngere Spieler können die Gruppen verkleinert werden. Beispielsweise ist bei fünf Gruppen die Helferchance sehr groß, da nur ein Fünftel der Spieler einen Schwächeanfall erleidet und der Rest recht gut helfen kann. Zur Motivierung erscheint diese Variante einleuchtend.
- Anstatt des Schwächeanfalls kann auch vereinbart werden, dass die Gruppe irgendetwas tut, und von den anderen beiden Gruppen daran gehindert wird. Diese Variante ergibt danach interessante Gespräche zum Thema Absicht, Durchsetzung, Gruppenverhalten oder Aggressivität.

# Ozean

*ist ein Bewegungsspiel. Neben Aktivitätserhöhung in der Gruppe kann man mit ihm Vorgehensweisen, Strategien und die Problematik des Regelverstoßes thematisieren.*

## Didaktischer Kommentar:

*Ozean* wird in einer *bewegten Schule* keiner didaktischen Anmerkung bedürfen. Den Schülerinnen Bewegung zukommen zu lassen, scheint in einem Schulbetrieb, der vorwiegend sitzend vollzogen wird, zwingend. Dennoch sind viele Kolleginnen eher zurückhaltend, wenn das Thema Bewegungsspiele beraten wird. Die Gründe sind nachvollziehbar. Bewegung artet schnell aus. Ehe die Spielenden sich wieder herunter getourt haben, vergeht (Arbeits)zeit. Zudem werden andere Klassen gestört, wenn man im Raum spielt.

Wir verzichten hier darauf, jedes dieser Argumente zu widerlegen. Spiel lässt sich weder oktroyieren, noch amputieren. Vielleicht kann *Ozean* jedoch die Haltung mancher unschlüssigen Kollegin beeinflussen. Es benötigt keine Vorbereitung und lässt sich jeder Zeit beenden. Vor allem aber erbringt es eine Reihe höchst interessanter Beobachtungen. Wer spielt regelkonform, wer nicht? Warum? Weshalb sind ganz bestimmte Schüler oft Kapitän, warum andere nicht? Hat sich jenes Mädchen nicht eben zum Kapitän gemacht, also absichtlich keinen Platz gesucht?

Werden solche Beobachtungen gesammelt und am Ende des Spiels zum Thema gemacht, nutzen Lehrerinnen mindestens zwei Effekte. Die Spieler sind kommunikationsbereit. Nach dem Spiel muss stets das Spiel sprachlich noch einmal nachvollzogen werden („Hast du gesehen wie … den Platz gekriegt hat?"). Darüber hinaus kann sich die Lehrerin der Thematisierung von Spielverläufen und -verstößen widmen. Durch die Analyse von Strategien („Jean, erkläre uns, wie du

gespielt hast ...") erzeugt sie Nachdenken und Konzeptbildung bei der Klasse und fördert im Grunde die Ausdrucksfähigkeit. Die metapädagogische Bearbeitung von Regelverstößen lässt eine Auseinandersetzung über ethische Probleme ebenso zu, wie sie erziehend wirkt (Man verschafft sich einen Vorteil auf Kosten der Gruppe).

## Vorschläge:

Die Gruppe sitzt im Kreis. Die Spielleiterin ist Kapitän und macht die Mannschaft mit den Regeln bekannt. Beim Kommando: „Welle links!" müssen alle auf den linken Nachbarstuhl rutschen. Bei: „Welle rechts!" nehmen alle den Platz rechts von sich ein. Bei: „Flut!" wechseln alle den Platz. Dabei ist es verboten, sitzen zu bleiben und den Stuhl rechts oder links neben sich zu belegen. Der letzte Spieler ist neuer Kapitän.

➢ Spielen Kinder, ist bei *Flut* zunächst ein Gerangel zu erwarten. Mit ein paar Bemerkungen kann darauf hingewiesen werden.
➢ Bald bringen Spieler kreative Momente ins Spiel ein (Variationen, Umgehungen von Regeln, Neukombinationen, Ausbrechen).
➢ Eine Regel sollte es bei *Ozean*, wie beim Spiel überhaupt geben. Erst spielen, dann reden.

## Variationen:

• *Besuch im Zoo:* ist ein Bonusangebot mit ähnlichen Regeln. Die Klasse sitzt im großen Kreis, eine Schülerin in der Mitte. Alle verwandeln sich in ein Zootier. Die Schülerin in der Mitte beginnt, eine Zoo-Geschichte zu erzählen. Dabei nennt sie auch eine bestimmte Gruppe von Tieren (Pflanzenfresser, Nagetiere, Fische, Raubtiere, Tiere aus Afrika, Haustiere usw.). Bei Nennung müssen sich diese sofort einen neuen Platz suchen. Auch die Erzählerin sucht sich einen Platz im Kreis. Wer übrig bleibt, setzt die Geschichte fort.
➢ Es hemmt das Spiel, wenn nur ein Tiername genannt wird. Es geht darum, Tiere in Gruppen zu benennen. Weiß jemand keine Gruppen, wird die Vokabel *alle Tiere* benutzt. Dann müssen alle Tiere ihre Plätze wechseln.
• Nach ähnlichem Prinzip arbeiten die Spiele „*Obstsalat*", „*Länderfahrt*" und „*Sonne, Mond und Sterne*".

# Pantomime

*ist die nonverbale, statisch oder dynamisch vollzogene Darstellung von Vorgängen (Handlungen, Charaktereigenschaften, Zuständen, Situationen usw.). Sie kann allein oder in der Gruppe erfolgen.*

## Didaktischer Kommentar:

Die meisten Unterrichtsstunden definieren sich über die Sprache. Vortrag, Rede und Gegenrede, Aufgabenstellung, Korrektur, Disziplinierung … sind Mittel und Medium zugleich. Kritiker sprechen in diesem Zusammenhang nicht selten von der Inflation der Worte. Sie zwingt Schülerinnen in die Pose der Rezeption und macht manche Lehrerin zur Agitatorin.

Der Einsatz pantomimischer Elemente durchbricht diese Wortflut. Schüler lernen somit, dass Ausdrucksfähigkeit auf vielen Kanälen sichtbar werden kann. Erfolgreiche Kolleginnen nutzen pantomimische Elemente in ihrer täglichen Arbeit – eine geheimnisvolle Ankündigung, die Beruhigung der Klasse durch Mimik, gestenreicher Protest usw. machen beliebt oder schrecken ab – bleiben aber lange im Gedächtnis. Lediglich theatralisch soll es nicht werden, wobei damit die Übertreibung der eingesetzten Mittel gemeint ist. Authentizität bleibt für Lehrerinnen die wichtigste Eigenschaft, auch in der Verwandlung beim Angebot pantomimischer Aktionen.

Pantomime bietet aber auch direkte fachliche Möglichkeiten. Die Bearbeitung einer Szene aus einer Lektüre z.B. *Ben liebt Anna* als pantomimischen Akt macht deutlich, dass dies keine Reduktion, sondern eine andere Sicht- und Erfahrungsweise ist. Selbiges gilt für die sprach*lose* Kennzeichnung von sozialen, biologischen oder geschichtlich relevanten Vorgängen im Sachunterricht der Grundschule.

## Vorschläge:

*Mimische Redewendungen:*
Die Klasse wird in Gruppen geteilt. Diese sammeln bildhafte Redewendungen, geflügelte Worte oder Aphorismen. Die Redewendungen oder Worte werden als Standbild oder szenisch umgesetzt. (Jemanden an der Nase herumführen … Aufs falsche Pferd setzen … Den Letzten beißen die Hunde …).

*Denkmal:*
Die Klasse oder eine Teilgruppe erhält den Auftrag, ein berühmtes Denkmal aus Personen nachzubauen. Dies kann nach einer Vorlage, aber auch in eigener Regie erfolgen.

*Standbilder bauen:*

Standbilder sind eingefrorene Situationen. Die Möglichkeiten ihrer Erstellung sind groß und ihr Einsatz fast unbegrenzt. So können Standbilder gebaut werden, die eine brisante Situation aus der Pause zeigen, die entscheidende Szene einer Diskussion nachbilden oder einen kennzeichnenden Moment eines Stückes wiedergeben.

Bei der Variante *Trilogie* (Jäckel 1997; 11) werden drei verbundene Begriffe (Sonne-Mond-Sterne; B-M-W, Mann-Frau-Kind, Bundes-Republik-Deutschland usw.) pantomimische als Standbild dargestellt.

Die *Sozialvariante* (Trautmann 1996) greift Aussagen auf, die mehrdeutig sein können. Eine Schülerin bekommt eine Aussage und stellt sie pantomimisch als Standbild dar. Die Gruppe dechiffriert. Anschließend können mehrere Formen der Aussage gestellt werden. Beispiele für mögliche Formen:

| | |
|---|---|
| Jetzt haben wir Deutsch … | Nun packt mich die Wut … |
| Donnerwetter! | Du spinnst wohl? |
| Mein Vater schimpft mit mir … | Ich lüge jetzt … |
| Das glaube ich dir nicht … | Sarah zieht weg … |
| Ich verstehe nicht, was du willst? | Ich bin seeeehr böse … |

Diese Version kann auch durch einen Vermittler (Regisseur) vermittelt werden. Dazu wählt sich jede Schülerin einen Partner, beide machen sich aus, wer Regisseur ist. Alle Regisseure erhalten (z.B. schriftlich) einen Auftrag und beginnen wortlos, die Partnerin zu *stellen*. Diese ist dabei ohne eigenen Willen. Der Regisseur kann Arme, Körper, Kopf und Beine ausrichten sowie die Mimik des Gesichtes (durch Vormachen) bestimmen. Abschließend veranstalten alle Regisseure eine Vernissage (Ausstellungseröffnung) und erklären ihre Werke. Beim nächsten Auftrag wechseln die Partner.

*Pantomimische Kette:*

Unter dem Stichwort *Gerücht* wurde bereits der Vorschlag zu einer sprachlich begleiteten Kette gemacht. Pantomimische Ketten zeigen in ähnlicher Form den Verlust bzw. den Umbau von Informationen durch auswählende Wiederholung. Fünf Schüler verlassen den Raum. Die Klasse macht sich eine Handlung bzw. Handlungsfolge aus, die dem ersten Spieler vorgespielt wird. Er muss das Behaltene ebenfalls pantomimisch an die zweite *Hereingeholte* weitergeben usw. Nach der letzten Darstellung wird allen fünf Spielerin die Ausgangsvorlage noch einmal vorgemacht.

➤ Unbedingt sollten danach im Gespräch die von den Schülern angesprochenen Schlüsselinformationen, Gefühle, Ideen oder Hemmungen thematisiert wer-

den. Gerade die unterschiedliche Deutung von nichtsprachlichen Zeichen ist eine ständige Ursache von zwischenmenschlichen Missverständnissen.

*Emotionen spielen:*

In dieser Übung soll versucht werden, ohne Sprache bestimmte Gefühlslagen zu transportieren. Dazu vereinbart die Klasse zunächst eine Handlung – z. B. *Ich sitze … auf einem Stuhl.* Nun werden Karten verteilt, auf denen je eine Emotion geschrieben wurde. Das *Auf-dem-Stuhl-sitzen* geschieht nun müde, aggressiv, lässig, aufgewühlt, traurig, verliebt, träge …

| | | | |
|---|---|---|---|
| mürrisch | geizig | traurig | hämisch |
| aggressiv | verliebt | verärgert | verträumt |
| versunken | fröhlich | lustig | friedfertig |
| böse | bockig | weinerlich | unsicher |
| verletzt | gleichgültig | herrisch | demütig |

➢ Als Variation lassen sich bewegte Vorgänge bzw. Gruppenvollzüge attribuiert darstellen.
➢ Ebenso wichtig wie das Spiel selbst ist die anschließende Deutung in der Gruppe. Damit können Selbstwahrnehmung („Aber ich war doch traurig!".) und Fremdbild („Nein, denn deine Mundwinkel waren nach oben gezogen – du wirktest unsicher und ein wenig komisch!") gegeneinander abgewogen werden.

Du hast einen Zettel mit einer Eigenschaft gezogen. Spiele nun einen der Vorgänge **so** (und ohne Worte).

- Begrüße jemanden ..............
- Sitze ........... auf einem Stuhl.
- Sitze ........... auf einem Tisch.
- Gehe ........... durch den Raum.
- Sieh dir ........... ein Schaufenster an.
- Warte ........... an einer Haltestelle.
- Tritt ........... durch eine Tür in ein Zimmer.

*Szene:*

Die pantomimische Darstellung von ganzen Szenen oder Szenenabschnitten ist nicht der einfache Nachbau. Er verlangt im Gegenteil ein völlig neues Einlassen auf den Stoff. Das Gefühl für den Ablauf – das Kommen und Gehen einer Emotion bzw. das Ausspielen dessen, das Zulassen von Still-Stand u.v.m. – sind die eigentlichen Erträge dieser Übung.

*Große Szene*:

Zum Beginn der Übung kann der Text zu den ersten pantomimischen Versuchen parallel gelesen werden.

Dabei ist es wichtig, dass die Kinder nicht (mehr) überdrehen. Die Ideen können noch übertrieben dargestellt werden, müssen dann jedoch auf einen „echten" Vorgang reduziert werden. Lehrerinnen sollten sich die Mühe machen, dies auch durchzuhalten. Diese Transformation hat Auswirkungen auf die kindliche Fähigkeit, sich zurückzunehmen und ist vielleicht beim nächsten Schulhofstreit bereits von Nutzen.

- Opa erklärt mir etwas.
- Einkaufen im Supermarkt.
- Das Packen eines Koffers.
- Zwei Kinder helfen ihrer Mutter bei der Hausarbeit.
- Papa versucht, zu fotografieren.
- Die Clique einigt sich, was gespielt wird.
- Zwei sehr gute Freundinnen unterhalten sich.

*Bilderszene:*

Dabei stellen die Schüler ein Bild, treten aber bald darauf aus dem Bild heraus und stellen pantomimisch *Kommendes* dar (unter Einbezug der Sprache machbar oder gekoppelt als Sprechhandlung, Standbild und Pantomime). Auch das *Vorher*, welches zu dem Bild führte, kann dargestellt werden. Das Bild ist dann die Abschlusspointe. Folgende Bilder können gut dargestellt werden:

- Zwei Männer bei der Betrachtung des Mondes (C.D. Friedrich)
- Ein Familienbild, welches ein Kind mitbringt und insziniert.
- Ein Bild aus der Nikolauslegende
- Der heilige Martin (W. Kandinsky)
- Das Treffen (M. Bashkirtseff)

*Nicht hören – nicht sprechen:*

Die Klasse teilt sich in zwei gleich große Gruppen. Jeder Schüler hat somit eine „Gegenspielerin". Die Personen aus Gruppe 1 können zwar sprechen, jedoch nichts hören. Bei Gruppe 2 ist es genau entgegengesetzt. Jeder kann hören, jedoch nicht sprechen.

Jeder Spieler aus Gruppe 2 erklärt seiner Gegenspielerin einen Vorgang sprachlos – durch pantomimische Vorstellung. Zunächst können dies sehr einfache Begebenheiten sein, z.B.:

- Ich gehe jetzt zur Schule.
- Gerade mache ich Hausaufgaben.
- Ich putze meine Schuhe.
- Wollen wir beide heute ins Kino gehen?

Da der Gegenspieler reden kann, dechiffriert er die eben gesehene Pantomime auf seine Art. Der Partner aus Gruppe 2 sollte aber nicht mit Sprache verbessern. Er

ist stumm. Bei unkorrekter, fehlerhafter oder falsch verstandener sprachlicher Widergabe muss er pantomimisch korrigieren. Mit zunehmender Sicherheit können die Aufgaben komplexer werden – durchaus auch schulfachbezogen.

- Gestern war ich bei Claudia, aber die war nicht da.
- Im nächsten Urlaub fahren wir nicht in die Schweiz, sondern fliegen nach Kuba.
- Momentan bin ich knapp bei Kasse, erwarte aber Taschengeld.
- Im Sachunterricht behandeln wir gerade das Thema: *Menschen in anderen Ländern* – über Menschen in Afrika weiß ich nichts.
- ➤ Die Aussagen können in Zettelform vorliegen und ausgegeben werden. Die Schüler können die Inhalte selbst zusammenstellen.
- ➤ Die Gruppe öfter wechseln lassen.
- ➤ Der Behaltenshorizont körperlich dargestellter schulischer Inhalte ist signifikant höher, als das lediglich sinnlich aufgenommene Spektrum (vgl. Vester 1997).

## Pausenspiele

*werden Gruppen von Spielen genannt, die auf Bewegung und Aktivität zielen und unter den räumlichen Bedingungen der Institution Schule vollzogen werden können.*

### Didaktischer Kommentar:

Pausen gehören eigentlich zu den entdidaktisierten Zeiten, bei denen Schüler und Lehrerinnen gleichermaßen ausspannen und sich erholen sollten. Praktisch ist dies jedoch nur in Ausnahmen möglich, denn erstens befinden sich die Kinder in der Schule, wo Fürsorge- und Aufsichtspflicht herrscht. Zweitens sind die Pausen oft ersehnte Felder von Kommunikation, Zusammenspiel und Austausch für beide Seiten – Lehrerinnen und Heranwachsende.
Warum daher das Angebot von Pausenspielen? Nach Unterrichtsverläufen, die meistens sitzend absolviert wurden, benötigen die Kinder Bewegung. In Regenpausen muss daher ein Angebot gemacht werden, sonst gerät die Aktivität schon mal in unerwünschte Richtungen. Am Ende des gemeinsamen Frühstücks oder *einfach so* lassen sich ebenfalls Spielaktivitäten anbieten. Letztlich zeugt es von einer wirklichen Lern- und Lebensstätte, wenn gemeinsame (Spiel)aktivitäten den Alltag so bestimmen, dass aus ihnen Kraft für die noch zu bewältigenden Aufgaben nachfolgenden Unterrichts *getankt* werden kann.
Es geht nicht um eine *Bespaßung* der Kinder oder den Zeitvertreib. Das können Heranwachsende selbst organisieren. Der Wechsel von Anspannung, Sitzen,

Kopfarbeit und Rezeption mit Entspannung, Bewegung, Handlung und sprachlicher Kommunikation ist letztendlich gesundheitsfördernd und hat einen nicht zu unterschätzenden Spaßfaktor. Ein kontinuierliches Angebot an kurzen, unproblematischen Bewegungsübungen erfreut sogar noch Pubertierende, auch wenn diese es nie zugeben würden.

> ## Vorschläge:

Die folgenden Aktivitäten stellen jeweils nur eine kleine Auswahl der Ideen dar. Es gibt mannigfaltige Veröffentlichungen darüber, mit wenig Aufwand viel Aktivität zu erlangen. Daher folgt am Ende eine nicht kommentierte und unvollständige Auswahl weiterführender Praxisliteratur.

*Lift:*
Das Spiel wird partnerweise gespielt. Die Kinder stehen Rücken an Rücken und haken sich mit den Armen unter. Der Lift fährt langsam nach unten (Beide gehen in die Hocke …). Unten steigen Leute aus (Beide verbleiben eine kurze Zeit in Hockstellung …). Der Lift fährt nach oben. (Beide müssen wieder aufstehen …). In einzelnen Stockwerken kann ebenfalls angehalten werden.

*Drehstadt:*
Alle Schüler der Klasse sind Bewohner von Drehstadt und haben unterschiedliche Berufe und Tätigkeiten (Bäcker, Fleischer, Gaststättenbesitzer, aber auch Mütter, Hausfrauen, Rentner, Kinder – immer 3–7 Kinder sind eine der genannten Gruppen, Doppelbesetzungen sind möglich). Die Lehrerin erzählt eine kurze Geschichte, in der die Personen vorkommen. Die Genannten müssen aufstehen, sich einmal um ihre Achse drehen und wieder auf ihre Stühle setzen. Bei der Verwendung von *alle* muss jedes Kind handeln.

*Tetanus:*
Alle Schüler laufen bei leiser Musik durch den Raum. Verstummt sie, ruft die Lehrerin eine Muskelgruppe, die gespannt wird (Bizeps, Bauch, Oberschenkel, Rücken, Po usw.). Nach ca. 10 Sekunden ertönt wieder Musik.

*Feuer-Wasser-Sturm:*
Dieses alte Straßenspiel lässt sich auch im Klassenzimmer gut spielen. Die Schüler bewegen sich locker im Raum. Auf den Ruf: „Feuer!" hin müssen sie entweder die Tür oder das Fenster anfassen. Bei dem Ruf: „Wasser!" erklettern sie einen Stuhl. Gibt die Lehrerin das Stichwort „Sturm!" vor, hocken sie sich schnell hin. Der Letzte gibt das nächste Kommando.

*Marionette:*
Eine Schülerin ruft der Klasse Körperteile zu. Die Schüler bewegen dieses Teil des Körpers einige Sekunden. Das Spiel lässt sich auch koppeln, indem die Schülerin zum Körperteil auch die korrespondierende Bewegung vorgibt („Bein – hüpfen").

## Literaturtipps:

- BJWAW (Hrsg.)(1990). Praxismappe Spiele für Kinder, Jugendliche & Erwachsene. Bonn.
- Bücken, H. (1994). Knopfspiele. München: Hugendubel.
- Fluegelman, A.; Tembeck, S.(1979) New games Bd. 1 u. 2. – Prien: Ahorn.
- Hoyer, K. (1994). Pausenspiele innen & außen. 7. Aufl. Lichtenau: AOL.
- Grüneisl, G. (1974). Spielen mit Gruppen. Stuttgart: Klett.
- Thiesen, P. (1986). Schönwetterspiele. Freiburg: Lambertus.
- Trautmann, T. (1999). Schulhofspiele. Berlin: Cornelsen.

# Pferderennen

*ist ein Bewegungsspiel, bei dem Reaktion und Schnelligkeit sowie Gruppen- und Rhythmusgefühl gefördert wird.*

## Didaktischer Kommentar:

Pferderennen ist – auf den ersten Blick betrachtet – eine Aktivität gegen das Montags- und Freitagssysndrom. Damit meinen wir den Trend der Schülerinnen und Schüler Montags sehr spät zu körperlicher und geistiger Aktivität zu gelangen, freitags jedoch voller Vorfreude auf das Wochenende überzuschäumen. (Auch entgegengesetzte Varianten sind in der Literatur zu finden). Das Spiel lässt überschüssige Energien los, da es mit großer Lebhaftigkeit gespielt werden muss. Zu gleicher Zeit binden die Regeln und kanalisieren den Tätigkeitsdrang in die Spielbahn.
Pferderennen aber kann noch mehr. Gemeinsam gespielt und gestaltet vermittelt es ein erstaunliches Gruppengefühl. In Klassen, bei denen das soziale Netz eher grobmaschig und die Sitten rau sind, schafft es Elemente einer Identität, die längere Zeit wirksam bleiben können. Es bietet Kindern eine Plattform, in der Gruppe aufzugehen, ohne im Mittelpunkt stehen zu müssen. Gleichzeitig können Kinder die Spielregel erweitern und neue Formen des Spiels anbieten.
Somit ist Pferderennen ein unerschöpfliches Fass für Zusätze, Variationen, Umstellungen und neue Ideen.

## Vorschläge:

Die Gruppe sitzt im Kreis. Die Spielleiterin macht die Beteiligten zunächst mit dem Verlauf des Rennens bekannt.

➤ Tipp: Nicht alle Kommandos gleichzeitig, sondern sukzessive einführen. Zwischendurch stets eine Runde spielen.

Bei dem Kommando: „*Start!*" klatschen alle in die Hände. Das Rennen beginnt. Alle schlagen zwischen den Kommandos rhythmisch auf die Oberschenkel (*trab-trab-trab tarabtapptapp*). Die folgenden Aufforderungen werden eingestreut und müssen körperlich bzw. sprachlich dargestellt werden.

- Gerade (Alle beugen sich nach vorn).
- Rechtskurve (Alle neigen sich nach rechts).
- Linkskurve (Alle neigen sich nach links).
- Oxer (Alle heben die Arme, stehen auf und setzen sich wieder hin).
- Doppeloxer (2x hintereinander Arme heben, aufstehen, hinsetzen).
- Dreifacher Oxer (3x hintereinander Arme hoch, aufstehen, setzen).
- Ehrentribüne (Alle johlen, pfeifen und klatschen).
- Hufeisen verloren (Alle rufen „*klong*").
- Abwurf (Alle schlagen die Hand vor den Mund).
- Gerangel zwischen den Pferden (Alle rufen „*buuuuh*").
- Wassergraben (Alle blubbern).
- Ziel (grenzenloser Jubel).

➤ Tipp: Darauf achten, dass das „*trab trab trab tarabtapptapp*" nach den einzelnen Kommandos wieder aufgenommen wird. Dieser Trab synchronisiert die Gruppe.

➤ Tipp: Nicht eingespielte Klassen nicht zu oft über den dreifachen Oxer jagen. Das Spiel bringt die Schüler in Bewegung, es kostet aber viel Kraft.

## Variationen:

- Die Gruppe steht. Sie klatscht den Takt mit den Händen. So können wirkliche Bewegungen gespielt werden. Nachteil: Die Nähe der Gruppe – etwa bei *Rechtskurve* oder einem anderen Kommando fällt weg.
- Die Klasse bietet eigene Kommandos an, die gelernt und gespielt werden.

➤ *Häschen im Felde*: Hände hinter die Ohren legen und die oberen Schneidezähne entblößen. (Franziska, Klasse 6)

➤ *Zielfoto*: Unverschämt den Nachbar angrinsen. (Henning, Klasse 5)

- Der Rhythmus wird nicht auf den eigenen Oberschenkeln geklopft, sondern auf denen der Nachbarin.

# Platteln

*ist ein Kontaktspiel mit wesentlichen Qualitäten für die Sozialerziehung,*
*insbesondere der Distanz-Nähe-Wahrnehmung.*

## Didaktischer Kommentar:

Eine gestörte Distanz-Nähe-Wahrnehmung ist oft das Resultat jahrelanger physischer und psychischer Fehlentwicklungen. Wir bemerken sie oft sowohl bei Heranwachsenden aus problematischen Familienverhältnissen ebenso, wie bei hochbegabten Kindern mit Sozialproblemen. Keinesfalls geben wir uns der Illusion hin, mit *einem* Spiel oder kurzfristigen Bemühungen Abhilfe zu schaffen oder gar Entwicklungen vorantreiben zu können.

Dennoch ist der Einsatz körperbetonter Spiele – etwa im Sport – ein hilfreiches Mittel, mit seiner Körperlichkeit umzugehen und ein tragfähiges Nähe-Distanzgefühl aufzubauen. Kommen dazu Angebote innerhalb des sonstigen Unterrichts, kann der Fortgang geprüft und mannigfaltigen Kontrollen unterzogen werden. Denn letztlich fordert der Alltag ein vernünftiges Austarieren der Möglichkeiten, auf andere Menschen zuzugehen bzw. ihren Wunsch nach Abstand zu respektieren.

Da bei Spielen die Regelhaftigkeit nötigt und bindet, können alle Beteiligten ihren Erfahrungspool vervollständigen. Niemand vergibt sich etwas. Nähe muss ausgehalten werden. Die Spieler können in sich hineinhören und überprüfen, inwieweit sie ihre Eindrücke bemerken. Oft wird im Nachgang – gerade von Pubertierenden – ein Gespräch gewünscht, in dem sich die Gruppe über die unterschiedlichen, meist dissoziativen Gefühle austauscht (*„Ich hatte am Beginn ganz schweißige Handflächen ... Ich wollte mein Bein immer zurückziehen ... Ich kann mir jetzt vorstellen, wie es ist, wenn in Büchern steht, dass die Kälte in dir hochkriecht ...“*).

Dieses den jungen Menschen zu ermöglichen, kann das Spiel. Die dabei herrschenden entspannten Felder (Hassenstein) bringen es mit sich, dass quasi im Probehandeln bestimmte Lebenssituationen durchgespielt – und damit für den emotionalen Erfahrungsbereich abgrenzbar gemacht werden.

Aber auch für eine veränderte Wahrnehmung des Körpers generell spricht dieses Spiel. Übertragen bilden die Übungen ein Netzwerk, bei dem unterschiedlichen Teilhandlungen von Nöten sind. Da diese über verschiedene Steuersysteme *dezentral* geleitet werden, ist die Fehlerquelle hoch. Platteln macht daher die Nachteile mehrdimensionaler Netzwerke deutlich und nachprüfbar – aber auch die Vorzüge. Fallen nämlich bestimmte Elemente aus, ist das gesamte System sowohl weiter handlungs- und steuerungsfähig. Mit geeigneten Beispielen kann das Prinzip daher Eingang in verschiedene Fachstrukturen finden.

## Vorschläge:

Die Gruppe sitzt auf Stühlen im Kreis. Jeder legt seine Hände auf die jeweiligen Obenschenkel des Nachbarn. Es entsteht ein Muster aus *gekreuzten Armen*. Die Spielleiterin hebt eine Hand und klopft damit einmal auf den Oberschenkel. Gleichzeitig bestimmt sie die Richtung („Rechts!"). Es wird versucht, rundum so zu klopfen, dass jede Hand hintereinander zum Zuge kommt.

➤ Tipp: Proberunde

Nun wird gespielt. Jeder, der vorschnell, verzögert oder nicht der Reihenfolge entsprechend *plattelt*, muss seine Hand aus dem Kreis entfernen.

## Variationen:

- Die Spielleiterin gibt erneut einen Impuls mit Richtungsangabe („Rechts!"). Beim einmaligen Klopfen geht es der Richtung gemäß weiter. Bei zweimaligem Klopfen ändert sich sofort die Richtung.
- Klopft jemand drei Mal, heben alle Spieler schnell die Arme in die Höhe.
- Die Gruppe sitzt auf Stühlen im Kreis. Zuerst werden die Beide verschränkt. Dann erst werden die Hände aufgelegt. Durch die zweimalige Kreuzung entsteht ein völlig neues Körpergefühl. Nun wird – wie oben beschrieben – gespielt.
- Die Teilnehmer liegen im Kreis und verschränken die Arme über Kreuz und halten sie vor den Körper.

# Psychiatrie

*ist ein Kooperationsspiel, bei dem, durch Wechsel von Führung, Informationen getauscht werden oder Probleme gelöst werden.*

## Didaktischer Kommentar:

Lehrerinnen, denen der Name des Spiels missfällt, sollten keine Scheu haben, es umzubenennen. Die Spielidee und der Lernertrag werden alle überzeugen. Selbst schul- und spielkritischen Eltern leuchtet der *Lernwert* ein. Was geschieht hier? Das Prinzip Meister-Novize wird in *Psychiatrie* zum Lernen genutzt. Außer dem eigenen Begriff kann jeder Spieler bei allem *mitreden*. Dabei ergeben sich erstaunliche Nebeneffekte. Meist tauschen die Spieler eine Information gegen eine andere. Wer daher kaum etwas sagen kann, wird auch wenige verwertbare Informationen zu sich selbst erhalten. Andererseits kooperiert die Gruppe so, dass immer noch Aussagen für jeden „abfallen", d.h. keiner isoliert bleibt.

Es kommt nebenbei auch zu einer Vervollkommnung der Fragetechnik – zumindest bei wiederholtem Einsatz. Fragen, wie „Wer bin ich?" fruchten zunächst nicht. Langsam gewinnt die Richtung der Frage an Kontur: „Lebe ich noch oder bin ich tot?" Unabhängig von der Komik wechseln die Erkundigungen, in Nachfragen wird oft präzisiert.

Die eingehenden Informationen, listig abgegebene, indirekte, reale, fiktive oder fehlerhafte, werden abgespeichert und es wird überprüft, ob man die Person vielleicht kennt. Irgendwann kommt die Schlüsselinformation. Es sind jene Botschaften, die sich direkt in die kognitive Struktur einbauen lassen – *der Groschen fällt*. Da Schule es mit Heranwachsenden zu tun hat, die höchst individuelle Erfahrungsmuster aufgebaut haben, kann sie diesen oft nicht entsprechen. Der Informationsfluss beschränkt sich auf die *üblichen Modelle*. *Psychiatrie* lässt trotz des skurrilen Titels alle Informationen zu und die Schülerinnen somit auswählen. Dies entspricht ziemlich genau den Erkenntnissen der modernen Lerntheorien (vgl. u. a. Mielke 2001) und sollte daher uneingeschränkteren Einzug in die Schule halten.

## Vorschläge:

Die Gruppe steht im Kreis beieinander. Jeder bekommt eine Karteikarte, an der ein Streifen Klebeband befestigt ist. Diese Karteikarte wird mit Hilfe eines anderen Spielers auf dem Rücken befestigt.

Entsprechend einem Thema (Schriftsteller/innen, Sportler, bekannte Persönlichkeiten) schreibt jeder einer anderen Schülerin einen (dieser) Namen auf die Karteikarte. Der Effekt ist eine partielle Amnesie (teilweise Gedankenauslöschung), wie er in manchem Fall psychischer Auffälligkeit vorkommt: „Ich weiß zwar, wer alle sind. Aber ich weiß nicht, wer ich bin." (*z. B. Albert Einstein, Gerhard Schröder oder Oliver Kahn, Britney Spears, Pippi Langstrumpf*).

Alle *Patienten* haben nun die Aufgabe, sich frei in der Gruppe zu bewegen, Fragen zu stellen und sich selbst damit zu *erkennen* – herauszufinden, wen sie darstellen. Dabei sollen die jeweiligen Schlüsselinformationen – jene Mitteilungen, die zur Erkenntnis führen – gemerkt und später allen mitgeteilt werden. Hier könnten für Pippi Langstrumpf folgende Informationen eingehen:

* *Du hast einen Affen.*
* *Dein Vater ist ein Pirat.*
* *Du wohnst in Schweden.*
* *Du bist weiblich.*
* *Dir gehört ein Pferd.*

➢ Die Spielerinnen können angehalten werden, die Informationen sparsam zu streuen. Dies erhöht den Reiz des Spiels.

➢ Darauf achten, dass sich keine Zweierpaare bilden, sondern die Gesellschaft mit wechselnden Partnern kommuniziert. Damit gewährt man die Vielfalt unterschiedlicher Informationen.

### Variationen:

- Mögliche Oberbegriffe in der Grundschule: Bäume, Wortarten, Haustiere etc.
- Das *Frage-Finde-Erkenne Prinzip* lässt sich für jedes Fach und alle Klassenstufen einsetzen (Stoffgruppen, Wolkenarten, Klimazonen, Strukturen des Staatswesens, unregelmäßige Verben, Dramenfiguren, Jahreszahlen, Formeln …).
- Letztendlich kann das Spiel auch ohne eine bestimmte Themenvorgabe gespielt werden.

# Regelfindungsspiele

*wird eine Gruppe von Spielen genannt, bei denen die Teilnehmer durch Beobachtung, Kommunikation oder/und Vollzug die innere(n) Regel(n) der Spielhandlung ermitteln müssen (Vgl. Trautmann 1996).*

### Didaktischer Kommentar:

Durch jede fröhliche Runde geht irgendwann ein Ruck – spielen wir …? Und stets gibt es einige, an denen sich der Effekt dieses oder jenen Spiels kurzweilig messen lässt. Meist handelt es sich bei der vorgeschlagenen Gruppe um Regelfindungsspiele. Was macht sie für Freizeit, aber auch für Unterricht so bedeutsam? Eigentlich bilden Regelfindungsspiele Unterricht ab. Schülerinnen bekommen Wissensstoff (etwa den Spielverlauf, einige Regeln) vermittelt und dürfen sie anwenden (Erkenntnisgewinn, der in die neue Runde einfließt). Allerdings bleibt ein Rest Unsicherheit … (die Grundregel des Spiels betreffend, die gerade heraus gefunden werden muss). So sind die Beteiligten aktiv (wie im Unterricht), ohne dass bereits alle den Lernstoff regel(ge)recht verinnerlicht, ihn durchgängig begriffen haben. Dies lässt sich illustrieren.

Gleichzeitig lassen sich mit Regelfindungsspielen die unterschiedlichsten Lerntypen und Auffassungsmechanismen finden bzw. darstellen. Alle wollen den Regeln gemäß agieren – gleichzeitig haben sie noch nicht alle Regeln begriffen, verinnerlicht, verstanden. Jeder zieht sich daher auf jene Strategien zum Erfahrungserwerb zurück, die er in seiner Entwicklung als erfolgreich getestet hat. Eine beobachtet die Umwelt eingehend, ein anderer erfragt vieles, eine dritte Schülerin versucht, Parallelen zu ergründen …

Werden diese und andere Lernmechanismen gegenseitig besprochen, wie es etwa bei der Auflösung des Spiels üblich ist, macht ein Großteil der Beteiligten die Erfahrung, dass unterschiedliche Denkwege zum Ziel (der Regelerkennung) führen können. Für einige Unterrichtsvollzüge schulischen Unterrichts ist dies von eminenter Bedeutung – denken wir an einen Mathematikunterricht, der ergebnisorientiert verläuft und bei dem die einzelnen Rechenschritte fast immer genormt ablaufen.

Aber auch direkte schulische Erträge lassen sich ableiten. Manches Regelfindungsspiel ist sprachlich determiniert ein anderes verlangt die Fähigkeit zu zielgerichteter Fragestellung. Beobachtung und geistige Durchdringung der Aufgabe, Festlegen von Strategien und das Aushalten von Spannung sollen nicht nur ergänzend genannt werden.

Als letztes Argument sei der Wert von Regelfindungsspielen für die schulische Motivation begabter Kinder angedeutet. Jene Heranwachsenden, die eine besondere Sensibilität hinsichtlich logischer, sprachlicher oder mathematischer Fragestellungen besitzen, verblüffen bei Regelfindungsspielen durch Deduktion, Beobachtung oder die Herstellung eigener Kreationen. Diese wiederum geben ihnen Motivation, ihre Fähigkeiten weiter in den Dienst der Klasse zu stellen – und letztlich nicht spinnerte Außenseiter zu sein, sondern u. a. als geachtete Spielerfinder akzeptiert zu werden.

## Vorschläge:

Die Gruppe der Regelfindungsspiele ist unübersehbar. Daher beschränken wir uns auf einige effektvolle, leicht spielbare Anregungen für den Unterricht. Sie können an viele Situationen und Fachgebiete angepasst werden.

*Der Mond ist rund ...:*
Die Gruppe sitzt im Kreis. Die Lehrerin spricht, während sie die entsprechenden Bewegungen mit den Armen vollführt – „*Also ... der Mond ist rund, der Mond ist rund – er hat zwei Augen, Nase, Mund.*" Jeder muss diesen Spruch aufsagen und dabei *zeichnen*. Die Lehrerin bewertet anschließend die Leistung als *richtig* oder *falsch*.

**Auflösung:** Es ist völlig gleichgültig, wie die Schüler sprechen und zeichnen. Es kommt darauf an, das Wort *Also* am Beginn zu sprechen.
Die Lehrerin sollte das Wort möglichst unauffällig mitsprechen.

*Kreuzapotheke:*
Die Klasse sitzt auf Stühlen im Kreis. Der Spielleiter ist Kreuzapotheker. Jeder kann bei ihm Dinge kaufen. Er hat einige Sachen vorrätig, andere Dinge sind dagegen nicht erhältlich. Woran liegt es, dass bestimmte Dinge vorrätig, andere ausverkauft sind?

**Auflösung**: Es kommt darauf an, ob der jeweils Fragende seine Beine überkreuzt hält. Bei *Ja* erhält er alles, was er verlangt (Kreuz-Apotheke).

Tipp: Der Spielleiter darf nebeln (Spuren verwischen).

Tipp: In verschärfter Form können auch gekreuzte Arme und sogar ein Kreuz an der Kette zählen. Eine Form, bei der das Erkennen besonders schwer ist – die einzelnen Kreuze lösen sich gegeneinander auf – z. B. Fuß- und gleichzeitige Armkreuzung – der Kunde erhält keine Waren.

*Neun Bücher Mose:*
Die Teilnehmer sitzen im Kreis. Die Spielleiterin hat eine Verbündete in der Gruppe. Sie kennt die Spielregel und verblüfft die Gruppe. Auf dem Boden liegen neun Bücher in rechteckiger Ausrichtung. Das *Medium* (die Verbündete) wird aus dem Raum geschickt. Die Gruppe einigt sich auf eines der neun Bücher, welches identifiziert werden soll. Das Medium wird hereingerufen. Die Spielleiterin zeigt auf irgendein Buch und fragt, ob dies das zu identifizierende Buch ist. Das Medium wird das *richtige* Buch zweifelsfrei finden.

**Auflösung:** Bei der ersten Frage der Spielleiterin: „Ist es dieses Buch?" zeigt sie auf dem Buch, das imaginär ebenfalls in neun Felder unterteilt ist, die Position des zu suchenden Buches an (z. B. unten links).

Tipp: Das Zeigen mit dem Finger hat einen schnellen Erkennungswert. Besser geeignet ist ein Stift oder Stock!

Tipp: Das Prinzip der neun Bücher *in einem* muss gut abgesprochen werden. Das Medium versagt, wenn nicht sauber gezeigt wird.

*Stühle riechen:*
Eine Mitspielerin ist hier ebenfalls eingeweiht und wird aus dem Raum geschickt. Drei Stühle werden nebeneinander gestellt. Ein Teilnehmer setzt sich kurz auf einen der Stühle und verlässt ihn wieder. Das Medium kommt herein und bestimmt den Stuhl, auf dem der Teilnehmer vorher gesessen hat.

**Auflösung:** Die drei Stühle haben vereinbarte Nummern (z. B. von der Wand gezählt 1, 2 und 3). Setzt sich der Teilnehmer auf Stuhl 1, muss die Spielleiterin dem Medium ein Wort anbieten (etwa beim Hereinrufen), bei Stuhl 2 mit zwei Worten (Bitte kommen usw.). Stuhl 3 wird z. B. mit „Ob das klappt?" dechiffriert.

Tipp: Zwischen den Spielpartnern muss vorher ganz klar abgesprochen werden, von welcher Seite die Stühle gezählt werden.

Tipp: Es gelten nur die Worte des Spielleiters. Je unauffälliger diese angebracht werden, um so schwerer ist es für die Gruppe, die Regel zu ermitteln. Vernebelungen der Spielleiterin und „scheinbares" Grübeln, Untersuchen etc. macht den Vorgang geheimnisvoll.

## Variationen:

- Mit vier oder fünf Stühlen arbeiten. Hier müssen jedoch Zusatzvereinbarungen mit dem Medium erfolgen (Geräusche zählen mit etc.).
- Wechsel der Ebenen. Mit dem gleichen Prinzip kann eine *rätselhafte Identifikation* von Tafelbildern ebenso stattfinden, wie ein geheimnisvolles Länderraten.

Tipp: Mit dem Medium stets vorher die Reihenfolge klären. Das Medium muss lediglich auf alle Äußerungen der Spielleiterin achten.

*Scharwenzel:*
Ein Verbündeter in der Gruppe kennt die Regel und spielt das Medium *Scharwenzel*. Die Gruppe sitzt im Kreis. Das Spiel beginnt mit den Worten: „*Scharwenzel, hör aufs Wort und geh erst dann fort, wenn ich es dir sage!*" Irgendwann schickt die Spielleiterin das Scharwenzel mit den Worten „Scharwenzel, geh!" nach draußen, gibt einem Schüler scheinbar wahllos die Hand und ruft das Scharwenzel wieder herein („*Scharwenzel, komm!*"). Dieses gibt dem gleichen Schüler ebenfalls die Hand.

**Auflösung**: Der Eingangsspruch enthält bereits die Regel. Das erste Gruppenmitglied, welches nach dem Eingangssatz das erste Geräusch (Wort) tut, ist die gesuchte Person.

Tipp: Die Aufforderung „Scharwenzel, geh!" ist der nachdrückliche Hinweis an das Medium, dass *jener* Person, die das eben vernommene Geräusch gemacht hat, die Hand gegeben werden muss.

Tipp: Auch hier können falsche Fährten gelegt werden (Vernebelung).

*Sommernachtsball:*
Die Spielleiterin stellt sich als Türsteherin beim Sommernachtsball vor. Sie kontrolliert die Garderobe der Gäste. Jeder Gast muss ein Kleidungsstück nennen, mit dem er zum Ball geht. Die Türsteherin gestattet oder verwehrt den Eintritt.

**Auflösung**: Das Kriterium für den Einlass besteht in den Kleidungsstücken, welche die Spielleiterin selbst trägt.

Tipp: Bei koedukativen Klassen als Regelfall bewährt sich ein Rock selbstverständlich nicht, weil er grundsätzlich die männlichen Schüler schnell *auf die Fährte* treibt. Außerdem sollte die Spielleiterin wissen, welche Kleidungsstücke sie „drunter" trägt, da die Gruppe selbstverständlich auch dazu Angebote macht. Wir haben in keinem Fall erlebt, dass die Heranwachsenden später „Witzchen" darüber machten.

*Grüne Grenze:*
Die Klasse sitzt im Kreis. Die Spielleiterin sagt den Satz: „Ich komme über die grüne Grenze, weil ich braune Haare habe." Hintereinander sagen die Mitspieler, mit welcher Eigenschaft sie über die grüne Grenze gelangen wollen. Einzeln wird das Angebot bejaht oder verneint.

**Auflösung:** Die Spielleiterin wählt stets ein Attribut ihres linken Nachbarn. Wer eine Eigenschaft seines Vorgängers nennt, kommt über die grüne Grenze.

Tipp: Zunächst sollten eher allgemeine Merkmale benannt werden. Erst wenn niemand die Regel findet, können eindeutige Kennzeichen bezeichnet werden. Bei eingespielten Klassen können auch Persönlichkeitseigenschaften eingesetzt werden.

*Willy will:*
Die Spielleiterin gibt ein Sprachmuster vor, welches von einer Person namens Willy handelt. „Willy mag Makkaroni, aber keine Nudeln ...". Jeder muss nun ein ähnliches Angebot machen, was Willy mag bzw. verabscheut.

**Auflösung**: Willy mag alles, was Doppelkonsonanten hat. Es können damit schöne Verwicklungen erzeugt werden (... mag Donner, aber nicht Blitz, Gewitter, aber nicht Hagel, Küsse, aber keine Schmatzer, Rollbraten, aber keine Rouladen ...).

- Es lassen sich eine ganze Reihe solcher Sprachspiele ableiten (Doppelvokale, –tz–, aber auch Zuordnungen).

*Irrenhaus:*
Die Gruppe sitzt im Kreis. Einige Kinder werden hinaus geschickt. Die Spielleiterin macht die Gruppe mit der Regel vertraut. Die Spieler kommen einzeln herein und sollen der Gruppe einige Fragen stellen. Nach der ersten Frage antwortet die Gruppe im Chor: *„Wir sind im Irrenhaus!"*. Die *zweite* (nächste) Frage wird mit der Antwort der *ersten* (vorhergehenden) Frage beantwortet usw. Am Ende wird die Regel erfragt.

# Rücken an Rücken

*wird hier als eine kommunikative Aktion verstanden, in der es darum geht, sprachlich elementarisiert, einen zeichnerisch unterstützten Begriff zu finden.*

## Didaktischer Kommentar:

Eine Aufgabe des Unterrichts ist die Schulung der Sinne und eine umfassende Einführung in die Begriffswelten. Dabei kommt es jedoch zu einer Gewichtung des zweiten Punktes. Die Übung kann helfen, die Begriffsbildung auf Formen zurückzuführen, die sinnlich erfasst, versprachlicht und letztlich dargestellt werden können.

Es sollte hierbei nicht vorschnell von *Kinderkram* gesprochen werden. Wir alle wissen, was eine Eiche ist. Sollen wir diesen (scheinbar) klaren Begriff jedoch in

Merkmalsgruppen bringen, sieht es selbst bei Lehramtsstudenten schnell mau aus – von den Unterschieden von Stiel-, Trauben- oder Roteiche gar nicht zu sprechen.

Nahe liegend ist, dass bei nochmaliger Elementarisierung es uns ganz schwer fällt, sprachlich und sinnlich kompatibel zu arbeiten. Es ist eine schwere Arbeit, einen Baum mit gebuchteten Blättern, seine Wuchsform und die Früchte beispielsweise mittels geometrischer Formen auszudrücken. Der Vortragende denkt vor und spricht nach, kontrolliert jedoch vor seinem geistigen Auge das Gesprochene noch einmal mit. Eine intensivere Auseinandersetzung mit dem *Werden* kann man selbst im schulischen Bereich kaum finden.

Träger und verbindendes Element dieser Handlungen ist die Spielregel. Das Bemühen, sie zu erfüllen stachelt zu hoher Analyse ebenso an, wie zu sprachlicher Feinarbeit, auch wenn die ersten Ergebnisse wahrscheinlich grauenvoll aussehen. Jedoch – die Übung wirkt und damit auch der Wille nach Vervollkommnung.

Lehrerinnen können in diesen Vorgängen wesentliche Beobachtungen machen. Da sind zum einen die Strategien und Vorgehensweisen der Partner, ihr Spannungsbogen (inwieweit setzen wir uns durch oder brechen ab) und die sprachliche Umsetzung des Vorgegebenen. Kants schrittweise Verfertigung der Gedanken beim Reden … *durch Umsetzung in Bilder* kann hier in vitro besichtigt werden.

### Vorschläge:

Jeweils zwei Schüler stellen sich Rücken an Rücken. Spieler 1 hält einen Zeichenblock samt Stift. Spieler 2 erhält einen Begriff (Zettel, Foto, Bild etc.). Er hat die Aufgabe, seinem Partner Anweisungen zum Zeichnen dieses Gegenstandes zu geben, ohne den Begriff zu nennen. Als Anweisungen können u. a. geometrische Grundformen vereinbart werden. Der Zeichnende rät im Prozess den Gegenstand.

**Beispiele für Gegenstände, die einfach gezeichnet werden können:**

| Topf | Drachen | Blume | Fernseher |
|------|---------|-------|-----------|
| Schiff | Baum | Haus | Zange |
| Würfel | Ballon | Blume | Stift |
| Buch | Sonne | Uhr | Brille |

**Beispiele für Gegenstände, die schwer zu zeichnen sind:**

| Heißluftballon | Colt | Zahnbürste | Kraftwerk |
|----------------|------|------------|-----------|
| Flugzeug | Lokomotive | Geige | Kanne |
| Feuerwehr | Linde | Füllhalter | Schule |
| Zeitung | Rathaus | Mazda | Regenwald |

## Variationen:

- Als Gruppentätigkeit oder Wettkampf an der Tafel (Veränderung der Dimension).
- Die Montagsmaler-Idee: Jemand zeichnet den Begriff auf die Folie eines Overheadprojektors, die Klasse rät.
- Fachbezogene Begriffe werden dieser Erklärung unterzogen. Der Vorteil ist die ungewöhnliche Darstellung bzw. Beschreibung, die das Assoziationsvermögen schult.
- Veränderung der Regeln – keine geometrischen Grundformen, sondern Klatschen, erste englische Vokabeln etc.

# Schafe & Schäfer

*ist eine Kooperationsübung mit hohem Gehalt an strategisch-taktischen und kommunikativen Elementen. Sie eignet sich in der Phase bestimmter Entwicklungsprozesse in der Klasse.*

## Didaktischer Kommentar:

Kooperation und Konfliktfähigkeit sind zwei Vokabeln, die für schulisches Miteinander unbedingt notwendig sind, in der unterrichtlichen Praxis jedoch oft nicht hinreichend erprobt werden. Selbstverständlich lassen sich in jeder Hand-

lung des Unterrichts Elemente sozialen Handelns, aber auch Egoismus, selektives Verhalten und sogar Mobbing ausmachen.

Für fachübergreifende Lernziele, wie sie jeder Lehrplan kennzeichnet – Aufbau eines realitätsnahen Selbstbildes, Übernahme von Initiative und Verantwortung, Planungskompetenz und Körperbewusstsein – bedarf es jedoch mehr als der allgemeinen Teilnahme am Unterricht. Bewährungschancen sollten ebenso bereitgestellt werden, wie immer wiederkehrende Probehandlungen. *Schafe und Schäfer* ist eine davon.

In jeder Klasse befinden sich Gruppen*typen*, die allgemein als (Vor)Denker, (Vor/Mit/Nach)Macher, Mitläufer, Koordinator und Kritiker charakterisiert werden können. Ob in Planspielen, Kooperationsübungen oder in der Projektarbeit lassen sich diese Typen längerfristig verändern und damit die gesamte Statik einer Klasse umbauen. Aus Kritikern (ewige Nörgler) werden unter Umständen begeisterte Vordenker (Strategen), wenn ihnen über die Sache das Vertrauen der Gruppe zuwächst.

Bei *Schafe & Schäfer* wird sich die Klasse zunächst schwer tun. Die Lehrerin kann gut beobachten, wie es um die Struktur ihrer Gruppe bestellt ist. Gleichzeitig kommt es nach unseren Erfahrungen zu einem typischen Unterrichts-Effekt. So bald es nicht *vorwärts* geht, wird die Lehrerin bestürmt. („Geben Sie uns doch mal einen Tipp … Ooooch, wir wollen aber jetzt die Lösung … Machen Sie doch mal …"). Hier zeigt sich Schulerfahrung, wie sie Kindern von der Klasse 1 ab ins Blut *übergeht*. Letztendlich weiß die Lehrerin alles und sagt es auch irgendwann. Daher verzichten wir an dieser Stelle auf Lösungsansätze und empfehlen die Übung (samt entsprechender Diskussion) für die Gesamtlehrerkonferenz.

## Vorschläge:

Die Klasse wählt einen Schäfer, alle anderen sind Schafe. Allen Schafen werden die Augen verbunden. Sie stehen verteilt im Raum. Der Schäfer hat die Aufgabe, alle Schafe in einen bestimmten Teil des Raumes (zur Tafel, an die Tür etc.) zu bringen.

Der Schäfer hat die Augen nicht verbunden und darf:

- nicht sprechen,
- seinen Platz nicht verlassen,
- kein Schaf berühren.

Die Klasse hat vor dem Versuch 15 Minuten Zeit zu einer Vorbesprechung.

## Variationen:

- Die Klasse teilt sich in zwei Gruppen und spielt parallel.
- Ähnlich anspruchsvolle Übungen, wie z. B. *Seilquadrat* finden sich bei Annette Reiners (1997; 150).

# Scharaden

*sind Worträtsel, bei denen zusammengesetzte Worte zerlegt und die Einzelbegriffe – pantomimisch gespielt – geraten werden müssen.*

## Didaktischer Kommentar:

Bereits in *Mit Sprache spielen* (Trautmann 2001; 120) haben wir auf die sprachlichen Potenzen der Scharaden hingewiesen. Wenn dies in diesem Buch erneut geschieht, dann nicht als tumbe Wiederholung, sondern unter dem veränderten Aspekt – der spielerischen Kooperation von Menschen untereinander. Damit wird ein wesentlicher Gesichtspunkt der *Lehrkunst* tangiert – das Vermögen der Lehrenden, ihren Schülern die für ihre Entwicklung aktuell wesentlichen Elemente der Totalität einer Sache nahe zu bringen.

Der soziale Schwerpunkt von Scharaden besteht in ihrer Spielbarkeit. Hier verbinden sich Aufgabe, Sprachentwicklung und Wiedergabefähigkeit auf sinnvolle Art und Weise. Während Lehrerin X mit ihrer Klasse Scharadenrätsel löst, um an der sprachlichen Entwicklung zu arbeiten, setzt Lehrer Y dieses Instrument ein, um seine Schülerinnen zu ermuntern, ihrer Introvertiertheit durch pantomimisches Spiel zu begegnen. Lehrerin Z hingegen schätzt Scharaden, da sich mit deren Einsatz die Häme einzelner Schüler untereinander abgebaut hat.

Bei den Scharaden werden zusammengesetzte Worte in einzelne sinnvolle Teilstücke zerlegt. Anschließend werden diese pantomimisch dargestellt. Diese Vorgänge müssen mit den Schülern zunächst bearbeitet werden. Es lohnt sich daher, ein oder zwei Scharaden gemeinsam zu zerlegen, auszuspielen und die vielfältigen Darstellungen zu besprechen. Ist die allgemeine Regel klar, werden sich sehr schnell die unterschiedlichsten Ausdrucks- und Deutungsmuster zeigen.

Wenn Lehrerinnen ungewöhnlichen Formen nachgehen, können auch gemeinsame Scharadenstücke entstehen, die z. B. anderen Gruppen als Vorlage dienen.

## Vorschläge:

Jeder Schüler schreibt auf einen Zettel ein zusammengesetztes Substantiv. Grund- und Bestimmungswort werden durch einen Bindestrich getrennt. Alle Zettel werden in die Mitte des Raumes gelegt und gemischt. Nun werden 2–4

Mannschaften gebildet. Der Reihe nach zieht jeder einen Zettel und stellt den Begriff pantomimisch dar. Dabei:

- darf nicht gesprochen werden,
- dürfen keine Materialien benutzt werden,
- kann mit der Hand auf die Teilbegriffe aufmerksam gemacht werden,
- muss schnell geraten werden.

Die Gruppe, welche als erste den Begriff errät, erhält einen Punkt.

**Vorschläge für Scharadenbegriffe:**

| Schul- hof | Heu- boden | Park- platz | Laub- baum |
|---|---|---|---|
| Schnee- ball | Gurken- glas | Film- star | Zahn- pasta |

| Mathe- klausur | Knochen- mark | Haus- meister | Dino- saurier |
|---|---|---|---|
| Schuh- haus | Haus- schuh | Wasser- glas | Haupt- stadt |

## Variationen:

- Die Lehrerin kann eine Reihe von Scharadenbegriffen selbst vorgeben.
- Interessant sind fachbezogene Scharaden (Schul-Garten, Haus-Tiere, Fahrrad-Prüfung) und deren Darstellung. Der Behaltenskoeffizient ist ausgesprochen hoch (Vester 1997; Johnstone 2000.).
- Sprichwörterscharaden/Scharaden „geflügelter Worte" in der Gruppe darstellen (Hier könnten einzelne Schüler oder eine Gruppe – nach kurzer Absprache – den entsprechenden Sinngehalt pantomimisch ausspielen).

Beispiele:
- **Der Apfel fällt nicht weit vom Stamm.**
- **Kinder und Narren sagen die Wahrheit.**
- **Der Horcher an der Wand hört seine eigene Schand.**
- **Den Letzten beißen die Hunde.**
- **Morgenstunde hat Gold im Mund.**
- **Ein kranker Mensch ist ein halber Mensch.**
- **Er ist mir auf die Nerven gegangen …**
- **Ich habe mir den Hals verrenkt …**
- **Mir zittern die Knie …**
- **Mein Herz blieb mir stehen …**
- **Die Augen fielen mir aus dem Kopf …**
- **Die Ohren fielen mir ab …**
- **Die Zähne klapperten …**

# Schau mir in die Augen, Kleines ...

*ist ein Partnerfindungsspiel, welches genaue Beobachtung fordert und hochkommunikativ ist.*

## Didaktischer Kommentar:

Kinder und Jugendliche lieben Partnerfindungsspiele, kommen jedoch im Unterricht – nehmen wir das Fach Sport einmal aus – nur selten dazu. Bei *Schau mir ...* wird die Vorliebe der (unprogrammierten) Partnerwahl dazu genutzt, das genaue Beobachten und Beschreiben, das Ordnen und Ausschließen von Begriffen sowie die basale Kommunikation zu üben.

All diese produktiven Schülertätigkeiten kommen auch in den täglichen Unterrichtsvollzügen vor, jedoch ist häufig nicht die ganze Klasse beteiligt. Außerdem geschehen diese Tätigkeiten nicht durchgängig lustvoll. Doch gerade dies fördert die generelle Motivation gegenüber Schule und Unterricht. Außer den Aspekten der Motivation sei der kommunikative Lernbereich angedeutet. An und für sich kennt sich die Klasse (auch wenn sich das Spiel hervorragend für neu zusammengesetzte Gruppen eignet). Dennoch gibt die Übung Raum, bei dieser Gelegenheit des Aufsuchens Informationen zu tauschen. Und diese haben in den meisten Fällen etwas mit Schule zu tun. Letztendlich gehen Klassen nach solchen Erfrischungsbonbons wesentlich konzentrierter an die Arbeit.

## Vorschläge:

Die Gruppe sitzt im Kreis. Jeder erhält Stift und Zettel. Zwei Spieler wenden sich einander zu. Beide untersuchen die Augenpartie des jeweils anderen und verfassen einen *Augensteckbrief*. Alle Zettel werden eingesammelt, gemischt und neu verteilt. Anschließend sucht jeder die Person, zu der die Augenbeschreibung passt.

## Variationen:

- Die verschärfte Veränderung verbietet Zusätze, welche die Identifikation erleichtern (Brille etc.). Ausschließlich die Augenpartie wird beschrieben.
- Beobachtung, Mischung und Wiederfinden muss nicht auf die Augenpartie beschränkt sein. Es lassen sich beispielsweise Steckbriefe, aber auch fachliche Leistungskurven und aktuelle Einschätzungen auf diese Art transportieren. Die Klasse kann die Leistung des Einzelnen meist punktgenau einschätzen und treffender formulieren, als die Lehrerin selbst. Indem die Einschätzung aber

von der Gruppe kommt, ist sie für den Empfänger akzeptabel.

- Je zwei der ausgeteilten Karten beschreiben eine gemeinsame Sache. Diese *Partner* müssen sich suchen und finden. Gemeinsam können sie ein Statement abgeben.

# Schmusemaschine

*ist ein Kooperationsspiel, bei dem ein hoher Grad an Körperkontakt hergestellt wird.*

## Didaktischer Kommentar:

Selten werden sich Kritiker so einig sein, dass Spiel nicht in den Unterricht gehört, wie bei Schmusemaschine. Zugegeben, die Idee kommt aus der Vorschulpädagogik. Wir probierten die Aktion in der Grundschule mit überwältigendem Erfolg. In der siebenten Klassenstufe, dort, wo Mädchen zickig und Jungen bockig werden, wurde ebenso hingebungsvoll geschmust, wie in der gymnasialen Oberstufe, der wir kein Spiel („Kinderei"), sondern eine *Session* ankündigten.

Warum geht die Zielgruppe mit dem Vorgang so unproblematisch um? Offenbar besteht ein Bedürfnis nach Nähe und Menschlichkeit, auch in der Schule. Zweitens durchbricht die Idee selbst die oftmals auf Vereinzelung und Isolierung angelegte Arbeit in den verschiedenen Stufen der Schule. Drittens schließlich scheint *Schmusemaschine* dem Unterricht so gegensätzlich gegenüberzustehen, dass es schon wieder interessant wird.

Schaut man auf die Ziele der sozialen Erziehung, so befindet sich *Schmusemaschine* jedoch auf der Höhe der Erfordernisse. Denn mit der Initiation der Spielregel kommt es zu Entspannung und Lockerung („*hmmmm*"), sensibler Wahrnehmung und zu einem Verständnis für andere („*so ... oder stärker?*") sowie zur Entwicklung der Ausdrucksfähigkeit auf möglichst vielen verschiedenen Kanälen. All diese Prozesse führen schließlich, in kleinen Schritten, zu einer Verfeinerung der Eigenwahrnehmung.

Übersetzt kann dies bedeuten, dass Kinder, die sich nicht (gern) anfassen lassen, Hemmungen abbauen und Ablehnung überwinden. Selbst jene, die nicht gern angefasst werden, muss man einbeziehen, weil sonst das Spiel zerbricht. Auch hier eine Chance, soziale Lernziele in kleinen Schritten, aber in konsequenter Art zu erfüllen.

## Vorschläge:

Die Klasse teilt sich in vier gleich große Gruppen. Die Mitglieder jeder Gruppe setzen sich hintereinander auf Stühle. Der letzte Spieler denkt sich eine Zärtlichkeit aus (Über-den-Kopf-streichen, Streicheln der Wange, Massage des Nackens, ein sanftes Zupfen am Ohr usw.) und gibt sie an die vor ihm sitzende Spielerin weiter. Diese reicht sie wiederum dem vor ihr sitzenden Schüler weiter. Vorn angekommen, nimmt die erste Spielerin ihren Stuhl, geht zum Ende der sitzenden Gruppe und beginnt mit einer neuen Schmuseidee.

## Variationen:

- Die Verbindung von *Schmusemaschine* und *Faxen* nutzen.
- Nach einer anstrengenden Klassenarbeit oder längerer Schreibhaltung empfiehlt sich eine Massageschlange. Dabei wird unter Beibehaltung der Grundregel der Schultergürtel massiert. Dazu sitzt die Klasse im Kreis, so dass jeder gleichzeitig *massiert* und massiert wird.

# Suchen & Finden

*ist eine Zuordnungsübung, bei der sich Paare mit gleichen bzw. passenden Lösungsabschnitten zusammenfinden.*

## Didaktischer Kommentar:

Völlig gleich, aus welcher didaktischen Überlegung sie eingesetzt werden – *Such- & Findespiele* lockern den Unterricht auf und konzentrieren ihn. Dabei geht es nicht nur um den Eintrag von Bewegungsabläufen in die meist sitzend absolvierten Unterrichtsabschnitte. Durch die Vorbereitung und im Vollzug, der von den Schülerinnen weitgehend autonom verantwortet wird, erhalten Lehrerinnen interessante Einblicke in das Denk- und Formulierungsvermögen.
Der Horizont möglicher Aufgaben kann zunächst begrenzt werden (Thema: Städte in Deutschland). Mit zunehmender Routine wollen die Schülerinnen umfassendere Gegenstände bearbeiten.
In Freiarbeitsphasen lassen sich die so entstehenden Karteien als Möglichkeit, eigene Festigungsarbeit zu leisten, nutzen. Auch die zyklische Festigung – etwa nach anderen Themen – ist von uns mit interessanten Ergebnissen getestet worden. Lehrerinnen sollten auch die Möglichkeit nicht außer Acht lassen, dass sich an einem Finde- Problem eine Fragestellung für die gesamte Klasse ergibt.

Kritiker, die meinen, hier würden lediglich Einzelfakten a la Wer wird *Millionär?* abgerufen, verkennen offenbar den Einfluss von Körperlichkeit auf die Denkentwicklung. Begriffsbildungsprozesse verlaufen gerade nicht durch einmaliges Angebot und die Empfehlung, endlich *mal was zu lernen.* Erst durch strukturiertes Wiederfinden in anderen Situationen vernetzen sich die gespeicherten Informationen so, dass sie abrufbar sind. Da die Aufgaben bei *Suchen & Finden* von gänzlich verschiedener Beschaffenheit sind, helfen sie bei diesen Prozessen strukturellen Transfers.

**Vorschläge:**

*Vorbereitung:*
Jeder Schüler erhält zwei farbige Karteikarten (z. B. weiß und rot). Er formuliert (u. U. zu einem vorgegebenen Themenbereich) eine Frage und schreibt diese auf das weiße Blatt. Die Antwort wird auf die rote Karte notiert.

*Durchführung:*
Die erste Hälfte der Frage- und Antwortkarten wird gemischt. Jeder erhält eine Karte. Auf ein Kommando muss nun jeder seine Partnerin mit der entsprechenden Frage bzw. Antwort finden. Anschließend wird die andere Hälfte der Frage- und Antwortkarten in einer zweiten Runde bearbeitet.
Tipp: Haben sich beide Partner gefunden, muss ihnen eine gewisse Zeit zum Besprechen des Problems gegeben werden (postludische Kommunikation).

*Nachbereitung:*
Allgemein interessierende Fragen können im Plenum noch einmal aufgegriffen und geklärt werden.

*Tipp:*
In solchen Suche-Findespielen zeigen sich der Lehrerin oft die Unterschiede zwischen Alltags- und Schulwissen.

**Beispiel (Sachunterricht Klasse 4):**

| | |
|---|---|
| Ich habe ein großes, gefingertes Blatt. | Kastanie. |
| Ich durchmische den Boden und dünge ihn auch. | Regenwurm. |
| Wenn ich angreifen will, mache ich einen Buckel, zeige die Zähne und fauche … | Katze. |
| Ich bin ein rundes Verkehrzeichen – innen weiß und außen rot. | Ich bedeute: Verkehrsverbot für alle Fahrzeuge. |

## Variationen:

- *Finde mich* (Schulfachbezogener Begriff und Synonym).
- *Schließe mich aus* (Antonyme).
- Wiederholung (Alle Fachgebiete werden mit Frage und Antwort angeboten).
- Leistungskontrolle *de luxe* (Die Klassenkameraden bereiten durch ihre Fragen eine Leistungsermittlung vor. Damit diese nicht *bösartig* wird, notieren sie den Erwartungshorizont gleich mit.)

## Superlativ

*ist ein Kennenlernspiel, welches das Assoziationslernen nutzt, um den Behaltenshorizont zu erweitern.*

### Didaktischer Kommentar:

Wir empfehlen Superlativ zunächst als Spiel zum Bekanntmachen – also in seiner ursprünglichen Form – dort, wo sich Klassen (neu) zusammenfinden müssen, Schülerinnen aufgeteilt werden oder die Klasse ein neues Mitglied bekommt.
Die Art und Weise dessen, wie erfolgreich man die Aufgabe bewältigt, hat aber weitere Dimensionen. Plötzlich sind nicht mehr jene Schüler mit den besten Noten, sondern andere schneller und präziser. *Guten* muss geholfen werden, stille Klassenkameraden „schnurren" das Repertoire herunter ...
Das Spiel lässt neue Sichten auf jedes Kind zu. Assoziation – eine frühkindliche Lernform – bringt Heranwachsende hier in völlig neue Ausgangspositionen. Die Gruppe denkt um, macht teils neue Erfahrungen. Unter Umständen erkennt jemand aus der Klasse sein Vermögen, sich assoziativ seinen Behaltensumfang zu erweitern.

### Vorschläge:

Die Gruppe sitzt im Stuhlkreis. Der Erste nennt seinen Namen und koppelt ihn mit einer Information über sich. Diese Mitteilung sollte einmalig sein – kein anderer Teilnehmer sollte diese Eigenschaft aufweisen (Superlativ). Die Nachbarin wiederholt zunächst die Angaben des Nachbars, bevor sie über sich selbst Auskunft gibt. Jeder weitere Schüler muss – beginnend beim ersten Kind – die Reihe der Personen samt zugehöriger Information zunächst abarbeiten, ehe er sich vorstellen darf.

Tipp: Das Spiel kann problemlos mit 40 Menschen gespielt werden, auch wenn es etwas Zeit erfordert. Kinder können oft besser als Erwachsene assoziieren. Dies kann Anlass zu einer Analyse der Lernform(en) sein.

## Variationen:

- Grundidee ist das Spiel: *Ich packe meinen Koffer.*
- Die summarische Aufzählung kann in Festigungsprozessen (Reihen, Perioden) genutzt werden.

# Synchronisation

*ist die Überblendung eines Vorganges mit Sprache.*

## Didaktischer Kommentar:

Synchronisation hilft, die elementare Improvisationsfähigkeit und die schnelle Informationsverarbeitung der Schülerinnen und Schüler zu trainieren. Parallel erfahren sie etwas über die Universalität von Sprache. Diese beiden Zielkonstanten haben ihre Bedeutung im Leben und in der Schule. Bei der rationellen Erzeugung von Sinnstrukturen kommt es darauf an, die eingehenden Informationen zu sortieren und auf Andockpunkte (Erfahrungen) zu überprüfen. Improvisation ist oft dann gefragt, wenn der Neuheitswert einer Situation hoch ist – denken wir an die unangekündigte Leistungskontrolle. Ganz gleich, wie das Ergebnis ausfällt, das Grundmuster der Improvisation ist immer gleich – Reduktion auf Bekanntes und der Versuch, dieses in die geforderte Struktur zu überführen.
Schülerinnen und Schülern die Möglichkeiten von Sprache näher zu bringen, hat unter anderem unser Band *Mit Sprache spielen* (Trautmann 2001) versucht. Bei Improvisationsübungen wie dieser trifft jedoch die Aufgabe eine ganz andere Lebenswelt, die Medien. Während es seit dem Tom Hanks Film *Forrest Gump* unstrittig ist, dass (wegen der exzellenten Computeranimation) jedes Bild lügen kann, besteht die Gefahr bei gesprochener Sprache bereits länger. Da die Erfahrungswelt der Heranwachsenden noch nicht so differenziert ist – man denke nur an die Realitätsannahme der *Soap – Operas* – besteht hier Korrekturbedarf.
Diesen vermittelt die Übung ganz grundsätzlich, indem sie ad hoc Handlungen sprachlich universell deuten lässt. Damit wird der Schüler aber nicht nur sensibler in der Beobachtung der Übereinstimmung oder Duplizität von *Bild* und *Ton*, sondern zugleich aufmerksam bei eigener Sprachverwendung.

**Vorschläge:**

Die Gruppe denkt sich eine Szene aus und spielt sie stumm vor. Immer wenn die Akteure ein verabredetes Zeichen machen (Arm heben, Mund bewegen, stehen bleiben), legen ihnen die Synchronsprecher Worte in den Mund. Diese können u.U. das weitere Handeln der Figuren beeinflussen.

**Variationen:**

- Die ausgedachte Szene wird gespielt, die Akteure führen ihre Dialoge jedoch in einer fremden Sprache (schwedisch, Paschtu, japanisch usw.). Die Synchronisation erfolgt in die Sprachpausen hinein.
- Bei der *Vor*synchronisation wird zunächst gesprochen, danach erst handeln die Personen.

## Szene

*ist im eigentlichen Sinne die kleinste Einheit des Dramas, wird in dem von uns beschriebenen Zusammenhang als Vorgang bzw. Handlungsabschnitt gebraucht.*

**Didaktischer Kommentar:**

Der Einbezug von Auswahl bis Variierung von Handlungsabschnitten in dieses Buch ist daher nicht unbescheiden, weil sich Schülerinnen und Schüler tagtäglich genau diesen Vorgängen stellen müssen. Schule als jener Ort, in dem essentielle Lebensfragen gestellt und (hoffentlich) beantwortet werden, kann durch Aufnahme bestimmter Existenzszenen eine Verständigungsbasis bilden – für die Annahme, Bewältigung und Reflexion von Daseinsvorgängen.

Ob Lehrerinnen die gesamte Palette nutzen oder lediglich ansatzweise damit arbeiten ist sekundär.

## • Auswahl:

Die Entscheidung über Geschehensabschnitte sollte entweder auf aktuelle Entwürfe oder eine gewisse Stoffkompatibilität zugeschnitten werden. Das *Darstellen um der Darstellung willen* ist eine grauenhafte Motivlage. Handlungsfolgen können zusammengestellt werden. Einige Ideen, an denen die Schülerinnen arbeiten können:

- *Auseinandersetzung auf dem Schulhof ...*
- *Besprechung zweier Freundinnen (und des älteren Bruders) vor einem Rendezvous ...*
- *Hausaufgaben-Abschreiben vor der Schule*
- *Elternversammlung*
- *Gute Zeiten – schlechte Zeiten*

## • Erarbeitung:

Jüngere Kinder haben oft noch Schwierigkeiten, einen eigenen Plan zu erarbeiten, mit dem sie sich der Szene nähern. Allgemeine Übungen können helfen (siehe Improvisation). Haben die Schülerinnen jedoch eine Idee und/oder Umsetzungsvorstellungen, können sie durchaus damit allein gelassen werden. Dies ergibt zum Teil außergewöhnliche Umsetzungen.

## • Übung:

Arbeiten alle Gruppen an ein und der selben Szene, ist vor deren Übung eine Zusammenschau ratsam. Die Klasse schaut sich dabei sowohl Tricks und Ideen ab, wie sie auch die gegenseitige Kritik übt.

Bei der Übung von Szenen kommt es darauf an:

➤ Handlungen zu automatisieren,
➤ Souveränität in den Ausdruck zu bringen,
➤ eine primäre Lächerlichkeit (etwa bei Sketchen) der Situation in einen logischen und oder skurrilen Rahmen zu bringen,
➤ die Dichte der Handlung herzustellen, welche Ereignisse zwingend macht.
➤ Letztlich darin immer wieder die Nachvollziehbarkeit des Vorgangs zu untersuchen.

• **Aufführung:**

Die Aufführung sollte stets einen besonderen Aspekt der Beschäftigung mit einer Szene oder einem Akt bilden. An basale Motivation muss gedacht werden (Licht, Publikum, Souffleur, Moderation).

• **Variationen:**

Bei Bedarf kann die erarbeitete Szene umgeschrieben, verfremdet oder fortgesponnen werden. Als interessant haben sich erwiesen:

➢ Nach-Happy-End-Szenen (Was geschieht danach?)
➢ Veränderungen der Zeitleiste (30 Jahre später ...)
➢ Durchbrechung der Routine (Etwas *Unerhörtes* taucht plötzlich auf)
➢ Rollen- und Charakterwechsel
➢ Szene rückwärts (Kommt man wirklich am Anfang des Vorgangs an?)

## Textmenschen-Menschentexte

*sind in diesem Zusammenhang spielbare Textsorten, die (sprach)handelnde Personen beinhalten und auf verschiedene Weise gestaltet werden können.*

### Didaktischer Kommentar:

Der Begriff leitet einerseits die Bindung von Texten an jeweilige Personen her, welche diesen transportieren. Jeder Stoff kann danach in unterschiedlicher Weise übertragen – und damit bedeutsam oder belanglos gemacht werden (Johnston 2000). Wir vertiefen diesen Ansatz und betonen, dass sich Lehrerinnen bei der Vermittlung von Wissen oft nur des Wortes bedienen. Diese immer wiederkehrende Signalsorte aber nutzt sich ab – sie wird wirkungsarm. Die Verbindung von Texten mit Personen (über das Vorlesen hinaus) kennzeichnet dagegen eine neue Behaltensqualität.

In der Grundschule hat sich diese Form zu spielender Textsorten als Mitmachgeschichte etabliert (Trautmann 2000; 90). Während der Ansatz der gleiche ist, müssen die Zielstellungen jedoch unterschieden werden. Grundschulkinder leben in Mitmachgeschichten unterschiedliche Rollenmuster aus, die dann – im Kontext gemeinsamer Sinndeutungen, der *Verständigung über Welt* (Faust-Siehl et al 1996; 23) bearbeitet werden. Die selbe Motivation des Einsatzes kann uneingeschränkt auch für die ersten Schuljahre der weiterführenden Schulen gelten.

Die zunehmende Verengung produktiver Schülertätigkeiten zu Ungunsten eher rezeptiver Verrichtungen jedoch, verhindert eine multisinnliche Aufnahme von

Wissensstoff. Daher kann die Kopplung von Texten an unterschiedliche Gestaltungsmerkmale (Stimme, Bewegung, Mimik ...) sowohl (Wieder)erkennungseffekte auslösen, wie nachhaltig für dessen Abspeicherung wirken.

Fachliche Schwierigkeiten liegen sowohl in der Gestaltungsfähigkeit der Schülerinnen und Schüler wie auch in der Flexibilität von Lehrerinnen. Denn es bedeutet, Texte – die sonst pur benutzt würden – aufzubereiten. Wer dies mehrfach tat, wird eine gewisse Routine darin erwerben. Unser Zielhorizont war vielfach dadurch gekennzeichnet, dass wir den Schülerinnen zunehmend die Verantwortung für die Gestaltung zubilligten. Über erste Unfälle hinaus kam es schnell zu vielversprechenden Ansätzen. Inzwischen haben sich die Klassen so weit emanzipiert, dass sie derartige Aufgaben in didaktisch wenig konturierten Unterrichtsabschnitten selbständig vorbereiten und der Gruppe zur Verfügung stellen. Es sei zum wiederholten Male auf die frappierenden Wirkungen derartig gestalteter Texte sowie auf Merk- und Reproduktionsvermögen der damit zusammenhängenden *fachlichen* Abschnitte hingewiesen.

## Vorschläge:

Geben Sie Schülern einen Text. Bestimmte, immer wiederkehrende Begriffe werden – etwa in einem Index – mit einer Person (Diese spricht dann diesen Begriff allein) oder einem Zusatztext (etwa einer Erläuterung usw.) bzw. beidem versehen.

Der Text wird laut vorgelesen. Bei jedem Begriff unterbricht die Vorleserin, so dass die Substitution durch die *Botschaft* erfolgen kann. Anschließend wird bis zum nächsten Begriff gelesen.

Tipp: Einige Begriffe kann die Klasse im Chor umsetzen. Prinzip: Jeder muss seine Aufgabe bekommen.

Eine unserer Klassen aus dem Sekundarbereich stellte diesen Menschentext für das Thema *Reibung* vor, von dem wir einen Auszug drucken. In diesem Beispiel wird das Prinzip des Spiels besonders deutlich. Das Spiel lässt sich selbstverständlich auch an den Wissensstand von Grundschulkindern anpassen. Probieren Sie es aus!

**Bewegung:** *Hopp, hopp, dalli!*
**Reibung:** *Widerstandskraft, bei der Lageänderung sich berührender Körper.*
**Gegenkraft:** *Gegenkraft, die Kummer schafft.*
**Energie:** *Möglichkeit eines Systems, Arbeit zu verrichten.*
**Wirkungsgrad:** *Verhältnis von aufgewandter und nutzbarer Energie.*
**Maschine:** *Schnauf, schnauf, puff, puff, surr, surr.*
**Wärme:** *Summe der Bewegungsenergie in Körpern – puuuuh!*
**Schall:** *Die Straßenbahn quietscht in den Kurven.*

Es gibt keine Bewegung ohne Reibung und jede Reibung ist Gegenkraft. Sie setzt stets einen Teil der in eine Maschine gesteckten mechanischen Energie in Wärmeenergie und Schallenergie um. Das heißt: Der Wirkungsgrad ist stets unter 1 oder unter 100 %. In Wärmekraftmaschinen geht durch unerwünschte Fortleitung und Abstrahlung von Wärme oft noch viel mehr verloren, was nicht in Bewegung umgesetzt wird. Beispielsweise hatten alte Dampflokomotiven einen thermischen Wirkungsgrad von gerade 10 Prozent. Da wird viel Energie nicht genutzt und geht in Schall und Rauch – also Wärme auf.

Beim Thema *Textproduktion/Höhepunkterzählung* wurde ein Menschentext vorgestellt, den ebenfalls die gesamte Klasse umsetzen musste.

**Personen:**

| | |
|---|---|
| **Herr Schmidt:** | *Kommt weiter hier!* |
| **Frau Schmidt:** | *Oh Gott, wie spannend das alles ist!* |
| **Gordon:** | *Och gugge ma!* |
| **Jaqueline:** | *Isch will heeme!* |
| **Baby:** | *Wäh, wäh!* |
| **Familie:** | Alle fünf Personen sprechen ihren Text gleichzeitig. |
| **Tür:** | *Knarz, knarz!* |
| **Schloss:** | *Adel verpflichtet!* |
| **Butler:** | *I will do my best!* |
| **Ritterrüstung:** | *Klapper, klapper!* |
| **Licht:** | *Knips!* |

**Alle:**

| | |
|---|---|
| **Sachsen:** | *Ei verbibbsch!* |
| **England:** | *God save the Queen!* |

Familie Schmidt aus Sachsen machte Ferien in England. Herr Schmidt schleppt seine Familie auf ein zerfallenes Schloss. Gordon, Jaqueline, das Baby und Frau Schmidt machen sich auf die Socken. Am Schloss angekommen öffnet ein Butler der Familie aus Sachsen die Tür. Frau Schmidt schleift ihre Lieben zunächst in die Porzellansammlung des Schlosses. „Da ist Meißner Porzellan!", rief sie. „Das kommt aus Sachsen!". In der Rüstkammer betrachtet Herr Schmidt eine Ritterrüstung nach der anderen. Jaqueline ist immer zuerst an der Tür. Es dämmert schon. Plötzlich geht im ganzen Schloss das Licht aus. Wo ist das Licht? Der Butler bewahrt die Ruhe. Herr Schmidt versucht, das Schloss zu verlassen, Gordon sucht den Lichtschalter, Jaqueline mault und das Baby quengelt. Herr Schmidt murmelt: „Typisch England, in Sachsen wäre das nicht passiert." Dabei rennt er gegen die Tür. Gordon spürt etwas kaltes auf seinem Rücken. Ist das ein Ritter oder nur die Ritterrüstung? Wenn nur das Licht da wäre! Der Butler kommt. Er hat Kerzen besorgt – endlich Licht! Frau Schmidt ruft: „Lang lebe England!". Jaqueline ist schon durch die Tür gegangen, während Gordon denkt, so ein Schloss ist *echt toll*. Der Butler geleitet die Familie nach draußen. Und so verlassen sie das Schloss der Reihe nach – Herr Schmidt, Frau Schmidt mit dem Baby, Jaqueline und zum Schluss Gordon. Zurück in Sachsen erzählen sie die Story, die sie in England erlebt haben.

## Variationen:

- Menschentexte lassen sich auch mit ersten Vokabeln einer Fremdsprache oder mit fremdsprachlichen Teilen kreieren (Reise durch Europa, Ciao Bella etc.).

# Veränderungen sehen

*ist in seiner ursprünglichen Form ein Kim-Spiel zur Schulung der Aufmerksamkeit. Es kann erweitert zur Identifikation kommunikativ uneindeutiger Signale und Situationen dienen.*

## Didaktischer Kommentar:

Die Übung hilft zu einer höheren Form der Wahrnehmung anderer. Viele dieser Angebote werden auch KIM genannt. Über Herkunft des Namens geben die meisten Spielkarteien Auskunft.

Schule fördert das Wahrnehmungsvermögen, gleichzeitig behindert die Organisation der Unterrichtsstunden mit ihren weitgehend rezeptiven Aufgabenfeldern

die Wahrnehmung wiederum. Um diesem Dilemma zu entgegnen, lassen sich recht problemlos Übungen wie *Veränderungen sehen* anbieten.

Ihre Legitimation ist bereits in der frühen Kindheit unbestritten – *Ich sehe etwas, was du nicht siehst ...* baut auf dem gleichen Wahrnehmungsprinzip auf wie Memory oder ähnliche Spiele.

Für Schule müssen diese Spiele schnell einsetzbar und für die Altersgruppe entsprechend schwierig sein. Verfehlt eine Lehrerin den Anregungsgrad einer solchen Übung, ist die ganze Aktivitätsgruppe *unten durch*.

## Vorschläge:

Die Klasse sitzt in einem quadratischen Stuhlkreis. Es spielen zwei jeweils gegenüber sitzende Gruppen miteinander, während die beiden anderen den Vorgang beobachten.

Zunächst mustern sich beide Gruppen eindringlich. Während eine Gruppe danach die Augen schließt (bzw. vor die Tür geschickt wird), nimmt jede Spielerin eine Veränderung an sich vor. Anschließend kommt die Gruppe gemeinsam diesen Veränderungen auf die Spur. Die Beobachtergruppe gibt ein abschließendes Feedback. Schließlich wechseln die Beobachter- und Spielgruppen.

## Variationen:

- Spielungeübten Gruppen oder jungen Grundschulkindern sollte zunächst der Hinweis nach eindeutigen Veränderungen gegeben werden. Schnell jedoch verändern sich die Intentionen hin zu sehr kleinen *unmerklichen* Unterschieden, deren Suche einer hohen Konzentration bedarf.
- Kommunikativ uneindeutige Signale können auf die gleiche Art geklärt werden. Eine der vier Spielgruppen macht sich beispielsweise eine Eigenschaft, Geisteshaltung, Motivationslage aus und stellt sie der Parallelgruppe mimisch, gestisch, körpersprachlich vor. Diese rät, anschließend kommt das Feedback der beiden Beobachtergruppen. Dabei erkennen viele Heranwachsende nicht nur, dass man *lustlos* auf vielerlei Weise zum Ausdruck bringen kann. Ebenso einprägsam ist die Tatsache, dass *fröhlich* durchaus als albern, dämlich, übertrieben, affig oder unnatürlich bzw. anmaßend aufgefasst werden kann.
- Kommunikative Essentials (Begrüßung, Verabschiedung, Gespräch, Vorstellung, Verneinung, Ermutigung etc.) werden auf unterschiedliche Weise nonverbal dargestellt. Die Beobachtergruppen entschlüsseln die Vorgaben und diskutieren über die Authentizität der Veranschaulichung.

Gehe zu deinem Gegenüber und gib ihm/ihr diesen Zettel ebenfalls. Spielt danach gemeinsam diese Vorgabe. Ihr könnt euch kurz besprechen.

1. Begrüße den Gegenüber freudig.
2. Begrüße den Gegenüber unhöflich.
3. Begrüße den Gegenüber kriecherisch.
4. Begrüße den Gegenüber stolz.
5. Begrüße den Gegenüber misstrauisch.
6. Begrüße den Gegenüber zerstreut.
7. Begrüße den Gegenüber reserviert.
8. Begrüße den Gegenüber erregt.
9. Begrüße den Gegenüber zurückhaltend.
10. Begrüße den Gegenüber scheinheilig.
11. Begrüße den Gegenüber aggressiv.

Ihr habt eben Grußzeremonien beobachtet. Stelle nun mit deinem Gegenüber Reaktionen auf das Grüßen vor. Ihr könnt euch kurz besprechen.

1. Übersieh den Gruß deines Gegenübers absichtlich.
2. Übersieh den Gruß deines Gegenübers unabsichtlich.
3. Übersieh den Gruß deines Gegenübers geflissentlich.
4. Übersieh den Gruß deines Gegenübers unsicher.
5. Übersieh den Gruß deines Gegenübers ausweichend.
6. Übersieh den Gruß deines Gegenübers zornig.
7. Übersieh den Gruß deines Gegenübers traurig.
8. Übersieh den Gruß deines Gegenübers arrogant.
9. Übersieh den Gruß deines Gegenübers gleichgültig.
10. Übersieh den Gruß deines Gegenübers nachdenklich.
11. Übersieh den Gruß deines Gegenübers flapsig.

Wen würdest du so (nicht) begrüßen?

# Verflixte Sieben

*ist ein Konzentrationsspiel, bei dem es neben dem Vordenken auch um die Reaktionsschnelligkeit beim Eintritt neuartiger Situationen geht.*

### Didaktischer Kommentar:

Der Konzentrationsfaktor, der eine simple Zahlenreihe zum *Event* werden lässt, besteht in einer einfachen Substitution. Die Normalität wird etwas Besonders, indem ein unberechenbarer Faktor wird. Die Grundidee stammt von jenen Kin-

derspielen, die zur Sinnensschulung in der frühen Kindheit angeraten werden (*Ich sehe etwas, was du nicht siehst ... Alle Vögel fliegen hoch* etc.). Der Einbau falscher Elemente bereitet in einem an sich entspannten Feld so viel Neugier – auf Lösungschancen, Fehlererwartung oder Leistungsfähigkeit – dass Spiel entstehen kann.

Der didaktische Wert scheint überschaubar. Jedoch – die Aufgabe ist schwieriger und der Anspruch höher, als gedacht. In der Lehrerinnenfortbildung kommt es mitunter zu abendfüllenden Veranstaltungen, wenn dort die Regel gilt, bis 100 zu zählen und bei einem Fehler wieder von vorn zu beginnen. Schauen wir uns daher den Wert der Übung an – die Schülerinnen und Schüler müssen synchron (mit)zählen, die Ziffern im Geist sehen, die Sieben (darin) erkennen und den Substitutionsbegriff nennen. In einem zweiten, unabhängigen Vollzug müssen sie die Siebenerreihe „mitlaufen" lassen, um auch hier bei Bedarf auszutauschen. Drittens schließlich werden viele Spieler antizipieren, d.h. vorausschauend ihre Zahl festzulegen versuchen. Dieser Vorgang – ungeheuer wichtig in der Ausbildung von Kompetenzelementen wie Empathie oder multikanaliges Denken – wird jedoch immer dann durchbrochen, wenn ein Spieler nach Fehlern ausscheidet. Der Prozess beginnt von vorn, wird abgebrochen ... ein hintergründiges Trainingsprogramm ohne Frust läuft hier – vom Akteur gewünscht – mehrfach ab.

Das Gemeinschaftserleben schließlich sei nicht unerwähnt. Schülerinnen bemerken beim Vorgang, dass selbst *guten Mathematikern* ein Fehler unterläuft oder gar die Lehrerin ausscheidet, weil sie die Gruppe beobachtete und nicht *auf dem Laufenden* war. Derartige Vorgänge sind ermutigend für jene, die dessen bedürfen und heilsam für jene, deren Selbstbild hierdurch eine Korrektur erfährt – auch wenn sie vielleicht nur von sehr kurzer Dauer ist (*Kann ja jedem mal passieren!*).

## Vorschläge:

Alle sitzen im Kreis, akzeptabel (und erschwerend) ist jedoch auch die normale Sitzordnung. Dabei kann mit einem einmaligen Durchzählen die einzuhaltende Reihenfolge gekennzeichnet werden. Die Klasse erhält den Auftrag, hintereinander zu zählen – jeder Schüler eine Zahl. Lediglich bei der Zahl 7, bei Ziffern mit ihr (z. B. 17, 27 usw.) und den durch 7 teilbaren Zahlen (14, 21 etc.) wird ein Ersatzlaut vereinbart („Verflixt", „ooops", „Weiter", „pssst" ...). Verletzt jemand die Regel, scheidet er bzw. sie aus.

## Variationen:

- Die Grundregel lässt sich bei allen Reihen und Folgen anwenden. Ein Merkmal muss *verfremdet* werden.
- Das Spiel *Zwanzig* basiert auf der Idee, hat jedoch eine völlig andere Dynamik. Auch hier sitzen alle in der normalen Sitzordnung des Unterrichts. Die Aufga-

be besteht darin, ohne Blickkontakt bis 20 zu zählen und folgende Regeln zu beachten:

1. **Keiner darf mehr als eine Zahl hintereinander nennen.**
2. **Es darf nicht im Dialog gezählt werden (ping-pong).**
3. **Gestik, Mimik und Nebengeräusche sind nicht erlaubt.**
4. **Fallen sich zwei Zählende ins Wort, beginnt die Reihe wieder bei Null.**

# Versteinern – Erlösen

*ist der Name eines kooperativen Bewegungsspiels, bei dem es um soziales Handeln in Ausnahmesituationen geht.*

### Didaktischer Kommentar:

Die Vielfalt individueller Zugriffsmöglichkeiten auf ein Spiel lässt sich am Beispiel *Versteinern – Erlösen* eindrücklich schildern. Geht es einer Kollegin *nur* um den Abbau von (Ver)spannungen, wird sie die Aktivität unter dem Bewegungsgesichtspunkt verwenden. Drei oder vier Runden werden gespielt und die meisten Gruppen sind handzahm, weil „fix und fertig". Das Spiel ist anstrengend und bindet Kräfte.

Eine andere Lehrerin beklagt verschiedene soziale Differenzen in der Klasse. Sie setzt *Versteinern – Erlösen* unter Umständen dafür ein, ihren Heranwachsenden zu zeigen, dass soziale Handlungen (wie etwa die Solidarität zwischen Akteuren und Steinen) einen Eigenwert haben, der – zwar nicht sofort, aber irgendwann – sichtbar wird. Denn keiner ist vor dem Abschlagen gefeit und muss – will er nicht das Spiel sprengen – der Regel nach erstarren. Spielgruppen sind empathischer, als wir glauben. *Wer mir hilft, dem helfe ich …* bzw. *Mir wurde geholfen, dies werde ich weitergeben …* sind nur zwei gültige Prämissen in diesem Interaktionsnetz. Nicht selten wird einem überzeugten Egoisten, der versteinert wurde und dies über eine Minute blieb gezeigt, was man von ihm hält.

Im dritten Fall hat sich die Lehrerin langfristig der Theorie des strukturellen Transfer genähert. Sie wurde hier mehrfach angedeutet und besteht im beständigen Anbieten (spielbarer) sozialer Lerngarnituren (Sets). Dabei ist es notwendig, das Angebot so zu gestalten, dass die Formen wechseln müssen, die Struktur sozialer Arrangements aber gleich bleibt. Dauerhafte Lernerträge können neben strukturiertem Handel, Empathie wie auch die Fähigkeit hilfreich zu handeln bzw. zu (meta)kommunizieren sein. *Versteinern – Erlösen* ist in diesem Kontext ein Angebot für die Schülerinnen und Schüler:

- ihre bisherigen sozialen Erfahrungen in neuen Situationen anzuwenden bzw. zu erproben,

- ihr Gruppenhandeln so einzustellen, dass ein höchstmöglicher Erfolg für alle dabei gewährleistet ist,
- den eigenen Spannungsbogen wahrzunehmen und unter Umständen die sich entwickelnde Frustrationstoleranz auf die Probe zu stellen.

Die Lehrerin wird in diesem Zusammenhang:

- Gruppendynamik und Handlungsvollzüge beobachten und erste bzw. erweiterte Diagnoseelemente bedenken,
- das soziale Handlungsfeld durch Variation und Neuansatz zu erweitern versuchen,
- durch Mitspiel und Nachbesprechung das sich entwickelnde soziale Netzwerk zusätzlich motivieren.

## Vorschläge:

Die Klasse steht im Kreis. Alle schließen die Augen. Die Lehrerin umschreitet die Gruppe und berührt 3 bis 4 Kinder am Rücken. Diese können jeden abschlagen. Beim Abschlag erstarrt der jeweilige Spieler zu Stein. Schlagen sich zwei *Abschläger* gegeneinander ab, passiert nichts.
Die anderen Spielerinnen jedoch können die „Steine" ins Leben zurückholen. Dazu ist eine Umarmung des Steins nötig.

Tipp: Die Lehrerin kann das Grundprinzip auch mit Zauberern animieren.

Tipp: Mehrere Runden spielen. Meist gewinnen in der ersten Runde die *Abschläger* fast mühelos. Unter Umständen muss noch einmal auf die Erlösung hingewiesen werden. Unsere Erfahrungen zeigen, dass bei einem Verhältnis von 1:6 und Erlösungsroutine kein *Abschlägerteam* mehr die Oberhand gewinnt.

Tipp: Das Spiel wird schnell. Bei jüngeren Spielern ist auf die Fairness zu achten.

## Variationen:

- An diesem Spiel lässt sich sehr gut die Verhältnismäßigkeit der unterschiedlichsten Systeme (Ökosystem Hase & Fuchs) zeigen. Dazu startet man mit einem oder zwei *Abschläger(n)*, und erhöht pro Durchgang die Dosis. Irgendwann *kippt* das System um.
- Variiert man die Rituale, kommt es ebenfalls zu einer ganz anderen Verlaufsform. Dazu muss den Erlösern statt einer Umarmung das dreimalige Streichen über den Rücken vorgegeben werden.
- Wenn sich zwei Fänger gegenseitig abschlagen, werden sie ebenfalls versteinert und können nur von einem der anderen *Abschläger* „erlöst" werden.

# Who is who

*ist ein Wahrnehmungsspiel, welches unter Reduktion des optischen Sinns die Strategie des (Wieder)erkennens fördert.*

## Didaktischer Kommentar:

Leider haben Wahrnehmungsübungen, sehen wir einmal von den ersten Jahren der Grundschule ab, kaum noch eine Lobby in unseren Bildungsanstalten. Gleichzeitig beklagen Lehrerinnen permanent das höchst unterschiedliche Wahrnehmungs- und Differenzierungsvermögen der Schülerinnen und Schüler. Diese Zwangslage lässt mehrere Schlüsse zu.

- Offenbar wird differenzierte Wahrnehmung nach einigen Übungen am Schulbeginn in der Folge sehr schnell als Könnensaspekt vorausgesetzt und somit nicht mehr trainiert.
- Didaktisch anspruchsvolle Ansätze jedoch, gehen grundsätzlich von Lernfeldern kognitiver, sinnlicher und vor allem körperlicher Natur aus, die jedoch in der Schule ungenügend berücksichtigt werden.
- Es kommt zur Entkörperlichung des Lernens.

*Who is who* stellt keinen universellen Heilungsweg dar. Im Zusammenhang mit vielen weiteren Wahrnehmungsangeboten (gerade im fortgeschrittenen Bereich der Grundschule und in der Sekundarstufe I) aber hilft es, eine sekundäre Sensitivität zu erlangen.

Diese Prozesse sind oft mühsam. Beginnend mit der Unfähigkeit empfindsam zu tasten wird stattdessen grob angepackt. Erst Intervention oder der Zusammenbruch des Spieles selbst vermag dies zu beheben. Viele Lehrerinnen verzichten unter diesen Vorzeichen auf eine Wiederholung. Doch gerade zu diesem Wagnis wollen wir ermutigen.

Denn langsam und in kleinen Schritten erkennen die Schülerinnen und Schüler ihre taktilen Fähigkeiten und werden sensibel für die kleinen Gesten, das vorsichtige Fühlen, die sanfte Berührung. Im Zusammenhang mit anderen, ähnlichen Übungen und Angeboten vermindert sich unmerklich das vorwiegend *grobe* Einwirken auf den sozialen Nahraum. Da diese Prozesse mit hohen Rückfallquoten behaftet sind, ist eine schnelle Verhaltensänderung nicht wahrscheinlich. Aber da die ganze Gruppe diese Erfahrungen machen kann, werden Selbststeuerungseffekte frei. Diese wirken oft stringenter, als der Einfluss von Lehrerinnen. Der Lerneffekt der gesamten Klasse durch Beobachtung ist in diesem Spiel von nicht zu unterschätzender Bedeutung. Die Vorgehensweise selbst, die Konzentration auf den gegebenen Sinn, die Erkenntnis ob der Ermittlung einer Schlüsselinformation – all dies wird in die Erfahrungsnetze der Jungen und Mädchen eingebaut bzw. als nicht gangbar ausgesondert. Mit großer Sicherheit kommt es zu ei-

genem Probehandeln (wenn dies wahrscheinlich auch nicht in der Schule selbst passiert).

*Who is who* ist letztlich auch ein Indikator für (gelungene) Momente der Geschlechtererziehung. In der Form der Ganzkörperuntersuchung durch Tasten kann es zu unerwünschten Berührungen kommen (siehe Variation 1). Dabei klärt sich rasch Absicht oder Versehen. Jede Person setzt ihr eigenes Instrumentarium des Selbstschutzes ein, ohne das die Gefahr der Eskalation besteht. Diese Erprobung des *Stopping* unter der Ernstfallschwelle und im spielerischen Zusammenhang klärt innere Positionen und Gruppenbezüge gleichermaßen.

## Vorschläge:

Einem Mitglied der Klasse werden die Augen verbunden. Er wird aufgefordert, Gegenstände, die auf einem Tisch bereitliegen, zu ertasten bzw. einzelne Personen aus einer Gruppe (3–5 Spielerinnen) zu identifizieren. In einer weiteren Steigerung können der tastenden Person lediglich Körperteile angeboten werden, die zur Identifikation führen (oder nicht). Es eignen sich Hände, Arme, Füße, Unterschenkel, mitunter genügen sogar Finger.

Tipp: Tastende sollten nie „im Raum" allein gelassen werden. Dies bezieht sich nicht nur auf die Unfallgefahr, sondern auch auf die Notwendigkeit der Gewähr innerer Sicherheit. Wir entscheiden uns meist für das Prinzip permanenten Körperkontaktes am Beginn und gegen Ende der Aktion.

Tipp: Der Tastenden sind die Gebotszonen immer anzukündigen. U.U. muss die Spielleiterin Stopps setzen.

## Variationen:

- Das Prinzip der *indirekten Berührung* ist für Gruppen geeignet, die sich per se nicht gegenseitig berühren lassen wollen bzw. können. Als verlängerte *Hände* dienen dabei zwei Kochlöffel (aus Holz oder Plastik), die vorsichtig zum Tasten benutzt werden.
- Reduziert man die Tastmöglichkeit auf einen Arm, kommt es ebenfalls zu starken Irritationen im Entdeckungsprozess.
- Es werden keine Personen ertastet, sondern berühmte Standbilder (Eifelturm, Freiheitsstatue, regionale Besonderheiten)
- Spielerfahrene Gruppen können in diesem Zusammenhang auch die Bewegungsfreiheit der Hände und Arme einschränken. In Höhe der Ellbogen werden

die Hände mit einem Tuch auf dem Rücken zusammengebunden. Ertastet wird mit den Wangen. Als interessanter Nebeneffekt erweist sich hier oft der verstärkte Einsatz der Nase sowohl als Tast-, wie auch als Riechorgan (olfaktorischer Sinn).

# Wollknäuel

*ist eine Interaktionsform, bei dem Gesprächs- und Diskussionsverläufe optisch sichtbar gemacht werden.*

## Didaktischer Kommentar:

In tausenden von Klassen entbrennt immer kurz nach den Zeugnissen die Frage, warum einigen Schülerinnen rege Mitarbeit bescheinigt wurde, in anderen Beurteilungen jedoch der Hinweis steht, sich *öfter produktiv am Unterrichtsgeschehen zu beteiligen*.
Der Grund ist einfach. Zwar können sich Kinder zunehmend selbst einschätzen, ein rechter Überblick über die Vielfalt der Leistungen, der Unterrichtsaktivitäten und der Güte von Interaktionsleistungen ist aber schwer zu erlangen.

## Vorschläge:

Die Klasse sitzt im Kreis. Die Lehrerin stellt einem Schüler eine Frage. Dabei nimmt sie einen Wollknäuel, behält das Ende in der Hand und rollt die Kugel in Richtung des Aufgeforderten. Dieser nimmt den Wollknäuel auf, antwortet, behält den Faden in der Hand und rollt die Wolle der nächsten Schülerin zu. Dabei stellt er ihr eine Frage oder bittet sie um ihre Meinung usw. Es entsteht zwischen allen Beteiligten ein Netz aus Informationen, Fragen und Antworten.

## Variationen:

- Um eine ganz *normale* Unterrichtskommunikation abzubilden, können alle Schülerinnen und Schüler in der normalen Sitzordnung der Klasse bleiben. Das Knäuel wird entsprechend der sprachlichen Interaktionen von der Lehrerin abgegeben und kommt danach wieder zu ihr zurück. Zwei Effekte lassen sich mit Sicherheit abheben. Erstens wird die sternförmige und sehr lehrerinnenzentrierte Kommunikation deutlich (u.a. Rausch 1986). Zweitens werden sich Schülerinnen am Unterricht beteiligen, die dies sonst nicht tun. Der Reiz des Neuen trägt zumindest eine Unterrichtsstunde lang diese Verhaltensänderung. Ein Abschlussgespräch zu einigen dieser Phänomene sei angeraten.

- Die Gruppe sitzt im Kreis. Es kommt nicht nur ein, sondern 3–6 verschieden farbige Wollknäuel zum Einsatz. Dabei kann zweifach vorgegangen werden. Entweder kommunizieren die Gruppen durcheinander und verweben sich somit. Eine ebenfalls interessante Methode ist der Themenwechsel, sobald das Gespräch zu einer Schülerin kommt, die eine anders farbige Wollkugeln in der Hand hat. Sie kann entscheiden, ob das Thema weiter verfolgt wird (Weitergabe des bisherigen Fadens) oder das Thema gewechselt wird (Einsatz des farblich unterschiedlichen Wollknäuels).

➤ Es empfiehlt sich bei diesen Formen, die entstehenden Muster für die Besinnung auf die Kommunikation zu nutzen. (*Jeder kann das Thema wechseln. Bei manchen Themen kann jemand nicht mitreden. Gespräche verharren manchmal in ganz bestimmten „Ecken".*)

- Einige Variationsmöglichkeiten innerhalb des Einsatzes bestehen u.a. in der rückläufigen Kommunikation, d.h. der Faden wird „von hinten" wieder aufgerollt – entweder in Fortsetzung der Diskussion oder im nochmaligen Wiederholen der bereits benannten Fakten. Eine andere Möglichkeit ist die Darstellung der haltenden Systeme der Kommunikation. Ist das Netz gespannt, wird eine Schülerin aufgefordert, an ihren Fäden zu ziehen. Die Gruppe signalisiert den Empfang des Impulses. Gespräche haben Wirkungen in viele Richtungen. Dass Kommunikation „tragend" ist, kann die Klasse ausprobieren, indem sie auf ihrem Netz einen Ball o. Ä. auffängt.

# Zahlenfüßler

*wird ein kombiniertes Bewegungsspiel genannt, bei dem es zu produktiven Kombinationen von Wahrnehmung, Konzentration und kreativer Vielfalt der Darstellung kommt.*

### Didaktischer Kommentar:

Der Einbezug des Zahlenfüßlers war uns so wichtig, weil wir durch ihn die erstaunliche Menge von Möglichkeiten erfuhren, eine Aufgabe zu bewältigen. Ohne den Begriff der Kreativität (i.S. von innovativer Darstellungsfähigkeit) strapazieren zu wollen – hier kann er getrost Verwendung finden.

## Vorschläge:

Die Klasse läuft locker durch den Raum. Die Lehrerin kann mit einer Geschichte („Die Zahlenfüßler laufen in der Gegend herum und bestaunen die Decke ...") motivieren. Im weiteren Verlauf nennt sie (oder eine Schülerin) eine beliebige Zahl. Es kommt nun darauf an, diese Menge mit ihrem Kör-per darzustellen.

Dabei ist jede Darstellungsform zulässig, z. B. als Ziffer (siehe Variation 2), die Anzeige mittels Fingern, Zehen, Armen, Füßen, dem Kopf etc. oder mittels Kooperation mehrerer Körper(teile).

## Variationen:

- *Würfeln* – Jede Spielerin läuft als „lebender Würfel" durch den Raum. Bei Nennung einer Zahl fällt sie zu Boden und muss mittels Nach-oben-Strecken von Körperteilen den genannten Wert anzeigen.
- *Ziffern legen* – Dabei finden sich nach dem Ausrufen einer Zahl mehrere Spielerinnen zusammen und versuchen, mit ihren Körpern die Ziffer(n) darzustellen. Ähnliches gilt für Buchstaben.

# Literatur

**Antons, K**. (1973). Praxis der Gruppendynamik. Göttingen: Hogrefe.

**Aries, P.** (1975). Geschichte der Kindheit. München: Hanser.

**Axline, V.M.** (1972). Kinder-Spieltherapie im nicht-direktiven Verfahren. München: Reinhardt.

**Backe, H.** (1970). Physik selbst erlebt. 3. durchges. Aufl. Leipzig, Jena u. Berlin: Urania.

**Baer, U.** (1982). Lebenslauf. In: Zeitschrift für Gruppenpädagogik. – (1982) 3.

**Baer, U. et al** (o.J.). Remscheider Spielkartei. Remscheid: Robin Hood.

**Baer, U.** (1996). Spielpraxis. 2. Aufl. Seelze: Kallmeyer.

**Beiler, H.** (1997). Barfuß-Video. In: Veranstaltungsdesigns. München: WUP. – S. 47–48.

**Birkenbihl, V.** (1992). Freude durch Stress. München/Landsberg: mvg.

**Bort, W.; Bücken, H.; Freitag-Becker, E.; Hanneforth, D**. (o.J.). Schulspielkartei. Münster: Ökotopia.

**Breitenstein, R.** (1984). Spiele für Manager. München: Langen-Müller/Herbig.

**Bronfenbrenner, U.** (1981). Die Ökologie der menschlichen Entwicklung. – Stuttgart: Klett-Cotta.

**Calliess, E.** (1975). Spielendes Lernen. – In: Deutscher Bildungsrat. Gutachten und Studien der Bildungskommission 48/1: Die Eingangsstufe des Primarbereiches 2/1: Spielen und Gestalten. Stuttgart. – S. 15–43.

**Comer, R. J.** (1995). Klinische Psychologie. Heidelberg, Berlin u. Oxford: Spektrum.

**Daublebsky, B.** (1988). Spielen in der Schule – Vorschläge und Begründungen für ein Spielcurriculum. – 9. Aufl. – Stuttgart: Klett.

**De Mause, L.** (Hrsg.) (1977). Hört ihr die Kinder weinen? Eine psychogenetische Geschichte der Kindheit. Frankfurt/M.

**Dietze, R.** (Hrsg.) (1966). Was spielen wir? Berlin: Tribüne.

**Einsiedler, W.** (1988). Fernsehen und Spielen. Ihre Bedeutung für die kindliche Entwicklung – Ein Vergleich (II). – In: Kindergarten heute. – Freiburg 18(1988). – S. 32–35.

**Einsiedler, W.** (1992). Das Spiel der Kinder. – Bad Heilbrunn: Klinkhardt.

**Elias, N.** (1977). Über den Prozess der Zivilisation. – Bd. 1 u. 2. Frankfurt.

**Faust-Siehl, G.; Garlichs, A.; Ramseger, J.; Schwarz, H.; Warm, U.** (1996). Die Zukunft beginnt in der Grundschule. – Frankfurt: Arbeitskreis Grundschule.

**Flitner, A.** (1986). Spielen – Lernen, Praxis und Deutung des Kinderspiels. 8. Aufl. München; Zürich: Piper.

**Freud, S.** (1972). Vorlesungen zur Einführungen in die Psychoanalyse (Orig. 1917). In: Gesammelte Werke. Bd. 1 – Frankfurt/M.: Fischer.

**Freudenreich, D.** (1983). Rollenspiel und soziales Lernen im Unterricht. – In: Kreuzer K. J. (Hrsg.): Handbuch der Spielpädagogik Bd. 2. – Düsseldorf : Schwann. – S. 213–229.

**Fritz, J.** (o.J.). Mainzer Spielkartei. Mainz: Grünewald.

**Fritz, J.** (1986). Vom Verständnis des Spiels zum Spielen mit Gruppen. Mainz: Grünewald.

**Fritz, J.** (1993). Theorie und Pädagogik des Spiels. 2. korr. Aufl. Weinheim u. München: Juventa.

**Fritzsch K. E.; Bachmann, M.** (1965). Deutsches Spielzeug. Leipzig: Edition Leipzig.

**Fuhs, B.** (1997). Spielen oder gleich „was richtiges machen"? Zur sozialen Bedeutung des Spielens im Kindesalter. In: Renner, E.; Riemann, S.; Schneider, I.; Trautmann, T. (Hrsg.) (1997): Spiele der Kinder. Ethnologische, pädagogische und literaturwissenschaftliche Annäherungen. – Weinheim: Deutscher Studienverlag. S. 19–42.

**Grassmann, M. et al** (1995). Was können Schulanfänger bereits vor ihrer ersten Mathematikstunde? – In: Grundschulunterricht 42 (1995)6. – S. 23 f.

**Grassmann, M.** (2000). Kinder wissen viel – zusammenfassende Ergebnisse einer mehrjährigen Untersuchung zu mathematischen Vorkenntnissen von Grundschulkindern. Hannover: Schroedel.

**Gsella, M.; Bort-Gsella, W.** (1990). Wir fallen aus der Rolle – Rollenspielkartei. Münster: Ökotopia.

**Harris B. A.; Harris T. A.**: Einmal o.k. immer o.k. Transaktionsanalyse für den Alltag. – Reinbek, 1995.

**Heckhausen, H.** (1973). Entwurf einer Psychologie des Spiels. – In: Graumann, C. F.; **Heckhausen H.** (Hrsg.): Pädagogische Psychologie. – Bd. 1 – Entwicklung und Sozialisation. – Frankfurt: Fischer.

**Heinemann, S.** (1992). Alternative Spiel- und Sportfeste. 4. Aufl. Lichtenau: AOL.

**Heitmann, F.** (1994). Historix & Co. Geschichtsspiele für Klasse 6–13. 3. Aufl. Lichtenau: AOL.

**Hielscher, H.** (1984). Spielen mit Eltern. Heinsberg: Dieck.

**Hielscher, H.** (Hrsg.) (1987). Du und ich – ihr und wir. Konkrete Arbeitshilfen für die soziale Erziehung. – Heinsberg: Dieck.

**Hielscher, H.** (1992). Wider die Spielvergessenheit der Schule. – In: Grundschulzeitschrift. – Seelze 6 (1992) 52. – S. 8.

**Hoyer, K.** (Hrsg.) (1993). AOL Zirkus. 9. Aufl. Lichtenau: AOL.

**Jäckel, I.** (1997). Skulpturen, Szenisches und Bewegtes. – In: WUP- Spiele- Werkstatt. Spiel als Arbeitsmethode für Training, Aus- und Weiterbildung. München: Will u. Partner.

**Johnstone, K.** (2000). Improvisation und Theater. 5. Aufl. Berlin: Alexander Verlag.

**Kluge, N.** (1991). Spielen und Erfahren. – Bad Heilbrunn: Klinkhardt.

**Retter, H.** (1994). Spiel und Spielzeug in Autobiographien des 16. Jahrhunderts. – In: Pädagogisches Forum 3/1994. – S. 138–143.

**Leontjew, A. N.** (1958). Theoretische Probleme der psychischen Entwicklung des Kindes. – Berlin: Volk und Wissen.

**Leontjew, A. N.** (1964). Probleme der Entwicklung des Psychischen. – Berlin: Volk u. Wissen.

**Leontjew, A. N.** (1974). Psychologische Grundlagen des Spiels im Vorschulalter. – In: Psychologische Studientexte Vorschulerziehung. – Berlin: Volk und Wissen.

**Meyer, H.** (1992). UnterrichtsMethoden. Bd. I: Theorieband. 5. Aufl. Frankfurt/M.: Cornelsen Scriptor.

**Meyer, H.** (1997). Schulpädagogik. Berlin: Cornelsen.

**Mielke, R.** (2001). Psychologie des Lernens. Stuttgart, Berlin u. Köln: Kohlhammer.

**Molcho, S.** (1983). Körpersprache. München: Mosaik.

**Molcho, S.** (1988). Körpersprache als Dialog. München: Mosaik.

**Opaschowski, H. W.** (1977). Freizeitpädagogik in der Schule. Bad Heilbrunn: Klinkhardt.

**Oppenheim, R. C.; Rosenberger, J.** (1991). Family systems and object relations approaches. American Journal of Family Therapy 19(4) 327–333.

**Orlick, T.** (1982). Kooperative Spiele. Weinheim u. Basel: Beltz.

**Rausch, E.** (1986). Sprache im Unterricht. Berlin: Volk und Wissen.

**Reiners, A.** (1997). Praktische Erlebnispädagogik. 4. Aufl. Alling: Sandmann.

**Reiners, A.** (1997 a) Reflexionsübungen und Nachbesprechungsspiele. In: Spiele-Werkstatt. München: Will u. Partner.

**Renner, E.; Riemann, S.; Schneider, I.; Trautmann, T.** (Hrsg.) (1997): Spiele der Kinder. Ethnologische, pädagogische und literaturwissenschaftliche Annäherungen. – Weinheim: Deutscher Studienverlag.

**Retter, H.** (1979). Spielzeug. Handbuch zur Geschichte und Pädagogik der Spielmittel. Weinheim.

**Rogers, C.** (1978). Die Kraft des Guten. München: Kindler.

**Runkel, G.** (1986). Soziologie des Spiels. – Frankfurt a. M.: Hain.

**Schaffhausen, H.** (Hrsg.). (1995). Handbuch Szenisches Lernen. Weinheim u. Basel: Beltz.

**Scheibner, O.** (1930). Zwanzig Jahre Arbeitsschule in Idee und Gestaltung. – Leipzig: Quelle und Meyer.

**Scheuerl, H.** (1972). Das Spiel. – 10. Aufl. – Weinheim u. Basel: Beltz.

**Scheuerl, H.** (1989). Spieldeutungen im Wandel. – In: v.d. Horst, R.; Wegener-Spöhring, G.: Neues Lernen für Spiel und Freizeit. – Ravensburg.

**Sutton-Smith, B.** (1978). Die Dialektik des Spiels. – Schorndorf: Hofmann.

**Walter, G.** (1993). Spiel und Spielpraxis in der Grundschule. Donauwörth: Auer.

**Sutton-Smith, B. u. S.** (1996). Hoppe, hoppe, Reiter – Die Bedeutung von Kinder- Eltern- Spielen. – München: Piper.

**Trautmann, T.** (1993). Spiel und Schule – Hund und Katze? – In: Deutsche Lehrerzeitung. – Berlin 40 (1993)13. – S. 4–5.

**Trautmann, T.** (1996). Miteinander spielen. – Lichtenau: AOL.

**Trautmann, T.** (1997). Alte Spiele (wieder)entdecken – eine Hoffnung für die Pädagogik? – In: Renner, E.; Riemann, S.; Schneider, I.; Trautmann, T.: Spiele der Kinder. – Weinheim: DSV.

**Trautmann, T.** (1997a). Spielereflexion und Spielakzeptanz bei Thüringer Grundschullehrerinnen. – In: Grundlegung von Bildung in der Grundschule von heute. – Konferenzbeiträge. – Wiss. Red. U. Drews u. A. Durdel. – Potsdam: Studien zur Grundschulforschung (Heft 20).

**Trautmann, T.** (1999) Schulhofspiele. – Berlin: Cornelsen.

**Trautmann, T.** (1999 a). „Aber macht nicht so laut dabei ...“ Zur Rolle von Lehrerinnen und Lehrern im Spielprozess. – In: Petillon, H.; Valtin, R. (Hrsg.): Spielen in der Grundschule. Grundlagen – Anregungen – Beispiele. – Frankfurt/M.: Arbeitskreis Grundschule (Beiträge zur Reform der Grundschule 106) S. 266–274.

**Trautmann, T.** (2000) Spielen mit Sprache. Angebote für den Unterricht – Mündlicher und schriftlicher Sprachgebrauch. – Donauwörth: Auer.

**Walter, G.** (1993). Spiel und Spielpraxis in der Grundschule. Donauwörth: Auer

**Vester, F.** (1990). Spielen heißt verstehen. – In: Liebich, H.; Zacharias, W. (Hrsg.): Welt des Spiels – Spiele der Welt. – München : Päd. Aktion.

**Vester, F.** (1997). Denken – Lernen – Vergessen. 27. Aufl. – München: dtv.

**Wegener-Spöhring, G.** (1991). Spiel als ein neues Paradigma der Pädagogik. – In: Retter, H. (Hrsg.): Kinderspiel und Kindheit in Ost und West. Bad Heilbrunn: Klinkhardt. – S. 63–69.

**Will, F.** (1997). 3-D-Techniken für Training und Supervision. In: Veranstaltungs-Designs. München: WUP.

**Wittmann, E. C.; Müller, G. N.** (1990). Handbuch produktiver Rechenübungen. Bd. 1. Stuttgart: Klett.

**Woll, J.** (1988). Alte Kinderspiele. Stuttgart: Ulmer.

**Zacharias, W.** (1990). Wiederentdeckt : „Homo ludens“. – In: Pädagogik. – Hamburg 42(1990)1. – S. 6–11.

**Zullinger, H.** (1971). Heilende Kräfte im kindlichen Spiel. Frankfurt/M.: Fischer.